Ravensburger Jahrbuch

Geschichten, Verse, Bilder,
Rätsel, Bastelideen und Lieder
für das ganze Jahr

RAVENSBURGER

JAHRBUCH

Geschichten, Verse, Bilder,
Rätsel, Bastelideen und Lieder
für das ganze Jahr

Dieses Buch gehört:

Ravensburger Buchverlag

Inhalt

Frühling

Sommer

Herbst

Winter

FRÜHLING

Hei, lustig, ihr Kinder!
Vorbei ist der Winter!
Die Sonne erwacht,
das Blümelein lacht.

Die Vögelein singen,
die Knospen aufspringen.
Der Himmel ist blau,
und grün ist die Au.

(Volkslied)

Da kann nichts passieren

Martin steht am Ende der Rutsche und schaut nach oben. „Achtung, ich komme!“, ruft sein Freund Michael. Er stößt sich mit den Händen ab, saust nach unten und landet im Sand. „Hast du gesehen, da kann nichts passieren“, sagt Michael. „Komm mit, jetzt rutschen wir zusammen!“
Martin zögert. Da nimmt ihn Michael an die Hand.

Die beiden gehen zur Leiter und steigen hinauf. Michael zuerst. Und hinter ihm Martin. Als sie oben sind und runtergucken, sagt Martin leise: „Das ist so hoch. Ich trau mich nicht."
„Setz dich einfach hin und schau nicht mehr runter", schlägt Michael vor.
„He, geht mal zur Seite, wenn ihr euch nicht traut, ihr Angsthasen!", ruft ein Mädchen.
Da steigt Martin die Leiter wieder hinunter.
„Du bist wirklich ein Angsthase!", ruft ihm Michael hinterher.
Am nächsten Tag läuft Martin gleich nach dem Mittagessen zum Spielplatz. Um diese Zeit sind noch keine Kinder da.
Sofort geht er zur Rutsche, holt tief Luft und steigt hinauf.
Diesmal guckt Martin nicht nach unten. Als er oben ist, setzt er sich hin, schließt die Augen – und rutscht.
Während Martin nach unten saust, reißt er Mund und Augen auf.
Plumps, schon sitzt er im Sand. „Ich hab's geschafft!", ruft Martin.
„Und es war ja ganz toll!"
Sofort läuft er zur Leiter, um gleich noch mal zu rutschen.

Alle Vögel sind schon da

Text: Heinrich Hoffmann v. Fallersleben (1798–1874)
Melodie: Volkslied aus Schlesien

1. Alle Vögel sind schon da, alle Vögel, alle!
   Welch ein Singen, Musiziern, Pfeifen, Zwitschern, Tiriliern!
   Frühling will nun einmarschiern, kommt mit Sang und Schalle.

2. Wie sie alle lustig sind, flink und froh sich regen!
   Amsel, Drossel, Fink und Star und die ganze Vogelschar
   wünschen dir ein frohes Jahr, lauter Heil und Segen.

3. Was sie uns verkünden nun, nehmen wir zu Herzen:
   Wir auch wollen lustig sein, lustig wie die Vögelein,
   hier und dort, feldaus, feldein, singen, springen, scherzen.

Frau Schwalbe ist 'ne Schwätzerin

Text: Georg Christian Dieffenbach
Melodie: Karl August Kern

1. Frau Schwalbe ist 'ne Schwätzerin,
sie schwatzt den ganzen Tag,
sie plaudert mit der Nachbarin,
so viel sie plaudern mag.
Das zwitschert, das zwatschert
den lieben langen Tag.

2. Sie schwatzt von ihren Eiern viel,
von ihren Kindern klein,
und wenn sie niemand hören will,
schwatzt sie für sich allein.
Das zwitschert, das zwatschert
und kann nicht stille sein.

3. Hat sie im Herbst Gesellschaft gar
auf jenem Dache dort,
so schwatzen die Frau Schwalben all
erst recht in einem fort.
Das zwitschert, das zwatschert
und man versteht kein Wort.

Was ist los auf dem Reiterhof?

Zum Besuchstag sind viele Kinder auf den Reiterhof gekommen. Sie beobachten die Fohlen auf der Weide, schauen beim Voltigieren und bei den Reitstunden zu. Sie dürfen die Ställe, die Sattelkammer, den Reitplatz und die Reithalle besuchen. Auf dem Hof arbeiten viele Leute. Der Hufschmied raspelt gerade die Hufe eines Lehrpferdes. Die Reitlehrer geben eine Probestunde, die Pferdepfleger bringen Futter in die Futterkammer und misten die Ställe aus.

Reiterhof St. Georg
Hofregeln
Rashid
Sattel-
kammer
H-EJ-21

Wie heißt was beim Pferd?

PFERDEPASS
HORSE PASSPORT
PASSEPORT POUR CHEVAUX
Inklusive Zuchtbescheinigung /Including breeding certificate/Y compris certificat d'élevage
ABSTAMMUNGSNACHWEIS
Lebensnummer/Identification No./No. d'identification
Name/name/nom
DE 373 730071093
FEI-Nr./FEI-No./No. FEI
FEI-Name/FEI-name/FEI-nom
FEI:
Pferdezuchtverband Baden-Württemberg e.V.
Heinrich-Baumann-Straße 1-3 · 70190 Stuttgart
Dient nicht zum Nachweis des Eigentums / Does not serve as proof of ownership / Ne sert pas de preuve de propriété
1

Jedes Pferd sieht anders aus. Du kannst sie an den so genannten Abzeichen, an der Körper- und Kopfform, der Fellfarbe und der Größe unterscheiden. Diese Merkmale stehen auch im Pferdepass, der so etwas wie ein Personalausweis für Pferde ist. Pferde, die kleiner sind als 147,3 cm, nennt man Ponys. Ponys sind besonders für Kinder geeignet, weil sie nicht so hoch sind. Die Körperteile eines Pferdes haben ganz spezielle Namen. Kennst du einige?

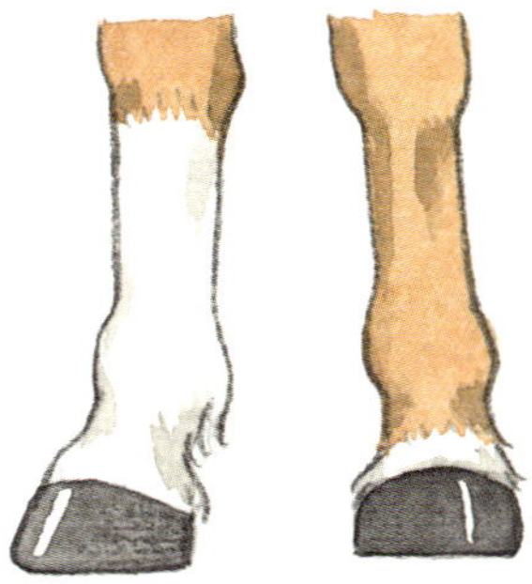

Abzeichen sind weiße Stellen im Fell mit einer besonderen Form. Am Kopf heißen sie zum Beispiel Stern, Blesse und Flocke, an den Beinen nennt man sie weiße Krone oder weiße Stiefel.

Um die Abstammung zu erkennen, wird bei manchen Pferden ein Bild ins Fell gebrannt.

Die beiden Elchschaufeln sind das Brandzeichen der berühmten Trakehner-Rasse.

Wie kommt ein Fohlen zur Welt?

Auf der Weide ist es ganz still. Die Stute hat sich ins Gras gelegt. Zwischen ihren Hinterbeinen erscheint die Fruchtblase, in der das Fohlen liegt. Bald sind die Vorderfüße und der Kopf zu sehen.

Nicht einmal eine halbe Stunde hat die Geburt gedauert. Die Mutter bleibt noch ein paar Minuten liegen. Das Fohlen hat sich schon fast ganz aus der Fruchtblase befreit. Wenn die Stute aufsteht, reißt die Nabelschnur ganz von allein.

Die Mutter leckt ihr Fohlen trocken und massiert es dabei sanft.

Das erste Aufstehen sieht noch sehr unbeholfen aus.

Es klappt. Das Fohlen steht auf wackeligen Beinen und sucht nach dem Euter der Mutter.

Noch so klein und schon im Galopp? Neugeborene Pferde können bereits nach kurzer Zeit fliehen.

Der kleine Hengst ist müde.

Marie-Maus und das stärkste Tier der Welt

Marie-Maus schnitt vor dem großen Spiegel Grimassen. Sie grinste, zog sich die Ohren lang, stellte sich auf die Fußspitzen, aber es nützte alles nichts. Marie-Maus war sehr unzufrieden, denn sie fand sich klein, grau und hässlich.
„Warum bin ich nur eine klitzekleine Maus?", jammerte sie. „Ach, wäre ich doch groß, mutig und stark! Ich wünschte, ich wäre ein anderes Tier!"
Auf dem Weg lag ein Stück Käse, goldgelb und mit vielen Löchern. Marie-Maus schnupperte. Ihr lief das Wasser im Mund zusammen. Ob sie wohl einen Bissen davon probieren durfte?
Sie zögerte.
„Iss mich!", flüsterte da der Käse. „Ich bin verzaubert."
Welche Maus kann da Nein sagen?
Kaum hatte Marie-Maus einen Bissen gegessen, wurde es ihr ein bisschen schwindelig. Sie fühlte sich merkwürdig. Alles um sie herum sah verschwommen aus. Ihre Beine schienen auf einmal sehr lang und kräftig zu werden. Auch der Hals wuchs in die Länge und die Arme bekamen Federn.
Als Marie-Maus wieder in den Spiegel schaute, blickte ihr ein komischer Vogel entgegen.
„Nanu, wer bist du denn?", fragte Marie-Maus verblüfft.
„Ich bin Marie-Strauß", antwortete der Vogel. „Fliegen kann ich zwar nicht, aber ganz schnell rennen!"
Und Marie-Strauß rannte los. Zuerst fühlte sie sich wunderbar. So schnell war sie noch nie gelaufen. Was für kräftige Beine sie hatte! Sie lief und lief, flitzte an Bäumen und Sträuchern vorbei, ohne müde zu werden. Es kam ihr vor, als könnte sie bis zum Ende der Welt laufen.
Da tauchte plötzlich ein mächtiger Löwe neben ihr auf. Er sah stark und gefährlich aus. Ob er hungrig war? Vielleicht wollte er einen Strauß zum Frühstück verspeisen!

„Nichts wie weg!“, dachte Marie-Strauß und – hui! – war sie fort.
Wäre sie nicht über den Käse gestolpert, würde sie jetzt noch rennen.
„Ach, wie gut! Da liegt ja der Käse!“, keuchte Marie-Strauß. „Ich will kein Strauß mehr sein! Zauberkäse, mach was anderes aus mir!“ Und sie biss ein Stück goldgelben Käse ab.
Schon spürte sie, dass sie sich wieder verwandelte. Als sie die Arme bewegte, gab es einen kräftigen Luftzug.
„Nanu“, murmelte Marie. „Was bin ich denn jetzt geworden?“
Aus dem Spiegel blickte ihr ein Adler entgegen. Er hatte scharfe Augen und einen großen Schnabel.
„Das gefällt mir“, freute sich Marie-Adler. „Nun kann ich fliegen! Das hab ich mir schon immer gewünscht.“
Und sie schwang sich in die Luft. Mit ihren starken Flügeln ging es ganz leicht. Sie stieg höher und höher. Doch dann machte sie den Fehler und schaute nach unten.
Ihr wurde sofort schwindelig. An solche Höhen war sie nicht gewöhnt. Die Bäume, die Sträucher – alles sah von oben winzig klein aus.

„Oh weh, wenn ich jetzt runterfalle!", dachte Marie-Adler.
Ihr tat vor lauter Angst der Bauch weh. Sie wünschte sich nichts mehr, als wieder festen Boden unter den Füßen zu haben. Sie landete auf einem Felsvorsprung und ruhte sich aus. Stück für Stück wagte sie sich langsam wieder nach unten. Endlich, nach einer Ewigkeit, kam sie auf dem Boden an.
„Adler – das ist nichts für mich", seufzte Marie-Adler und hüpfte zum Käse. „Adler fliegen viel zu hoch und ich bin nicht schwindelfrei. Ich will lieber ein anderes Tier werden."
Sie biss wieder ein Stück vom Käse ab und wartete gespannt, was diesmal aus ihr werden würde.
Und Marie wurde ein Fisch.
Mit einem mächtigen Sprung platschte Marie-Fisch in den Bach. Puh, das kühle Wasser tat gut! Und sie konnte unter Wasser atmen. Zuerst verfing sie sich in einem Algenbüschel, doch dann wurde sie von der Strömung mitgerissen. Marie-Fisch schwamm und schwamm – und kam zum Meer.
Das Meer war riesig und viele Fische schwammen darin herum. Manche waren hinter den anderen her und jagten sie. Marie-Fisch merkte, dass sie von einem großen Fisch verfolgt wurde. Hastig schwamm sie davon. Um ein Haar wäre sie in ein Fischernetz geraten. Im letzten Moment konnte sie noch ausweichen.

„Nein, Fisch ist nichts für mich", dachte Marie-Fisch und schwamm mühsam den Weg zurück, den sie gekommen war. „Das nächste Mal will ich ein Tier werden, das vor nichts und niemandem Angst haben muss!"
Sie quälte sich den Bach hinauf. Ab und zu musste sie sich ausruhen, denn es war sehr anstrengend, gegen den Strom zu schwimmen.
Endlich kam sie an die Stelle, wo der Zauberkäse liegen musste. Marie-Fisch nahm all ihre Kräfte zusammen und sprang mit einen Satz ans Ufer – mitten auf den Käse.
Mit ihrem Fisch-Maul biss Marie-Fisch ein Zauberkäsestück ab.
Sie war gespannt, in welches Tier sie sich diesmal verwandeln würde.
Ihre Glieder dehnten und streckten sich. Sie wuchs und wuchs und wurde unendlich groß. Ihre Nase wurde ganz lang, mit den Riesenohren konnte sie Luft fächeln und wenn sie einen Schritt tat, zitterte und bebte der Boden.
Aus dem Spiegel blickte ihr ein großer Elefant entgegen.
„Das bin ich", freute sich Marie, „Marie-Elefant! Wie toll! Jetzt bin ich bestimmt das stärkste Tier der Welt, das vor nichts Angst haben muss."
Sie probierte aus, was sie als Elefant alles tun konnte. Sie konnte mit dem Rüssel Wasser saugen und sich selbst nass spritzen. So eine Dusche machte Spaß! Sie konnte auch Sand aufsaugen und wieder mit dem Rüssel ausblasen – dann gab es eine riesige Staubwolke. Sie konnte den Rüssel hin und her schwingen und sich damit den Kopf kratzen. Ja, es gefiel ihr, ein Elefant zu sein.
„So soll es bleiben", dachte Marie-Elefant, nachdem sie stundenlang herumgelaufen war.

Nichts hatte ihr Angst gemacht. Sie hatte viel gegessen und war richtig satt und zufrieden. Müde schloss sie die Augen und wollte gerade ein bisschen vor sich hindösen, als es plötzlich zu ihren Füßen leise fiepte.
Marie-Elefant erschrak fürchterlich und sprang zur Seite.
Im Sand hüpfte – husch-husch – eine kleine graue Maus davon.
Marie-Elefant zitterte am ganzen großen Körper. Ihr fiel ein, dass sie einmal gehört hatte, dass sich Elefanten ganz fürchterlich vor kleinen Mäusen fürchteten.
„W-w-wenn das so ist", bibberte Marie-Elefant, „will ich wieder Marie-Maus sein."

Sie lief wieder zum Zauberkäse zurück, packte mit dem Rüssel das letzte Stück und stopfte es sich in ihr Elefantenmaul. Sofort fing sie an zu schrumpfen und wurde kleiner und kleiner.
Als sie in den Spiegel schaute, blickte ihr eine kleine, graue Maus entgegen.
Marie-Maus nickte zufrieden. „Jetzt ist es gut", sagte sie und streckte glücklich ihre Arme aus. Sie gefiel sich sehr. „Ich bin Marie-Maus, das stärkste Tier der Welt. Denn vor Mäusen fürchten sich sogar Elefanten."

Zarte Pflänzchen voller Kraft

Mitten im Frühjahr, wenn draußen im Gemüsebeet noch gar nichts wächst, kannst du dir zwei wundersame Mini-Gemüsebeete im Zimmer anlegen. Im Weckglas und auf einer flachen Schüssel lässt du allerlei Samen und Kerne keimen. Das geht so schnell, dass du beim Wachsen zugucken kannst. Deine Beete brauchen nichts als ein helles, warmes Plätzchen am Fenster, und sie müssen immer schön feucht gehalten werden, bis nach etwa drei Tagen geerntet werden kann.

Die Samen für deine Mini-Beete kaufst du am besten im Reformhaus oder im Naturkostladen, denn sie dürfen nicht chemisch behandelt sein, wenn sie keimen sollen.
Vielleicht beginnst du deine Zucht mit einem Tütchen Kresse- oder Senfsamen und probierst ein leckeres Rezept aus! Und dann wagst du dich an eine Sprossenzucht im Glas mit exotischen Sojabohnen oder gelben Linsen. Das Weckglas musst du mit einer luftdurchlässigen Gaze zubinden. Jeden Tag bis zur Ernte musst du die Kerne eine Viertelstunde wässern und danach das Wasser abgießen. Du wirst sehen, wie spannend das alles ist – und wie gut die Keime schmecken!

3. Täglich 15 Minuten wässern.

Die kleine Gärtnerin

G. H. Dieffenbach/Lieblich/K. A. Kern

1. Meine Blümchen haben Durst,
   hab's gar wohl gesehen;
   hurtig, hurtig will ich d'rum
   hin zum Brunnen gehen.

2. Frisches Wasser hol ich euch,
   wartet nur ein Weilchen,
   wartet nur, ihr Röschen, rot,
   und ihr blauen Veilchen.

3. Seht, hier habt ihr Wasser schon,
   trinkt nun mit Behagen,
   blüht und duftet noch recht lang,
   wollt ihr Dank mir sagen.

Blumenherren und Blumendamen

Herr Rittersporn, Herr Rittersporn,
Was macht Frau Akelei?
Sie hat sich rosa aufgeschmückt
Zum Blütenfest im Mai.

Herr Enzian, Herr Enzian,
Was macht Frau Edelweiß?
Sie zog ein warmes Röckchen an
Zum Schutz vor Schnee und Eis.

Herr Fingerhut, Herr Fingerhut,
Was macht Frau Hyazinth?
Sie plaudert mit den Lilien,
Die Schwesternkinder sind.

Herr Thymian, Herr Thymian,
Was macht die Frau Salbei?
Sie lockt mit ihrem Blütenduft
Den Bienenschwarm herbei.

James Krüss

Und so wird die kleine Gärtnerin gemacht
Auf festes Papier, besser noch Karton, wird eine Figur, so wie hier abgebildet, gezeichnet. Der Arm zum Blumengießen wird extra aufgemalt. Die Teile werden ausgeschnitten und mit einer Briefklammer zusammengesteckt. Dann braucht man noch zwei Holzstäbchen. Das eine wird hinter der Figur befestigt, das andere hinter der Hand. Wenn man das Stöckchen hinter der Hand rauf- und runterbewegt, sieht es aus, als ob die kleine Gärtnerin Blumen gösse.

Eier-Zoo

Du brauchst
hart gekochte Eier,
festes Papier,
Filzstifte und Klebstoff

Für die Maus schneidest du aus Papier einen Dreiviertelkreis aus und klebst ihn zu einem spitzen Mäusemund zusammen, sodass er noch auf das Ei passt.
Für die Kuh malst du einen Kuhkopf und vier Beine auf festes Papier und klebst die Teile an ein Ei. Mit Filzstift schwarze Flecken aufmalen! Ohren ankleben! Der Schwanz ist aus Wolle!

Für die Katze auf Rädern werden vier Kreise ausgeschnitten und an dem Ei festgepikt. Der Kopf wird wie bei der Kuh zuerst gemalt, ausgeschnitten und dann aufgeklebt.

Osterspiele

Eierlaufen
Jedes Kind legt ein hart gekochtes Ei auf einen Suppenlöffel und läuft mit den anderen Kindern auf ein Ziel zu. Wer es zuerst erreicht hat, ohne sein Ei zu verlieren, ist Sieger. Das Spiel wird spannender, wenn statt des Suppenlöffels ein Teelöffel genommen wird.

Eiabwerfen

Du brauchst
1 großen alten Herrenhut, 1 hart gekochtes Ei und 1 Spielmünze für jedes Kind.

Ein Kind legt sein Ei in die obere Vertiefung des Hutes und hält sie von innen her so weit zu, dass nur noch ein schmaler Spalt offen bleibt. Dorthinein muss nun ein zweites Kind mit seiner Münze zielen. Trifft es den Spalt, gehört ihm das Ei und die Münze dazu. Trifft es nicht, bekommt der Eibesitzer die Münze und das nächste Kind ist dran.

Eierkullern
Jedes Kind bekommt drei hart gekochte Eier. Ähnlich wie beim Murmelspiel müssen sie in eine kleine Kuhle gerollt werden. Wer ein anderes Ei berührt, darf es nehmen und weiterspielen. Wer kein Ei trifft, muss warten, bis er wieder an der Reihe ist.

Was ist das?

Mit u und a ist's Frau und Mann.
Ob die wohl einer raten kann?

(Huhn, Hahn)

Gick-Gack
Die Kinder sitzen im Kreis. Wer das kleine Rätsel gelöst hat, darf als Erstes in die Mitte und „Huhn“ sein. Die anderen Kinder werden reihum abgezählt. Abwechselnd muss sich eines „Gick“ und das nächste „Gack“ merken. Nun fängt das Huhn an zu gickern und zu gackern. Bei jedem „Gick“ oder „Gack“ müssen die entsprechenden Kinder aufspringen und sich gleich wieder hinsetzen. Das Huhn ruft sein „Gick“ und „Gack“ immer schneller und die Kinder müssen immer rascher werden. Wer sich irrt, scheidet aus, und wer zuletzt übrig bleibt, wird das nächste Huhn.

Klein Häschen wollt spazieren gehn

Text: Heinrich von Leipziger
Melodie: Asmus

1. Klein Häschen wollt spazieren gehn,
   spazieren ganz allein,
   da hat's das Bächlein nicht gesehn
   und plumps fiel es hinein.

2. Das Bächlein trieb's dem Tale zu,
   dort wo die Mühle steht
   und wo sich ohne Rast und Ruh
   das große Mühlrad dreht.

3. Ganz langsam drehte sich das Rad,
   fest hielt's der kleine Has
   und als er endlich oben war,
   sprang er vergnügt ins Gras.

4. Dann läuft Klein Häschen schnell nach Haus,
   vorbei ist die Gefahr.
   Die Mutter schüttelt's Fell ihm aus,
   bis dass es trocken war.

Has, Has, Osterhas

Text: Paula Dehmel (1862–1918)
Melodie: Richard Rudolf Klein

aus: DAS LIEDERNEST, Band 1

1. Has, Has, Osterhas,
   wir möchten nicht mehr warten.
   Der Krokus und das Tausendschön,
   Vergissmeinnicht und Tulpe stehn
   schon lang in unserm Garten.

2. Has, Has, Osterhas,
   mit deinen bunten Eiern!
   Der Star lugt aus dem Kasten raus.
   Blühkätzchen sitzen um sein Haus.
   Wann kannst du Frühling feiern?

3. Has, Has, Osterhas,
   ich wünsche mir das Beste:
   ein großes Ei, ein kleines Ei,
   dazu ein lustig Didldumdei.
   Und alles in dem Neste.

Auf der Wiese

Auf der Wiese am Waldrand ist viel los.
Entdeckst du die unten abgebildeten Tiere oben wieder?

Findest du alle 3 Igel,
6 Hasen, 3 Füchse
und 6 Mäuse?

Bei den Osterhasen

Die Hasenmutter muss alle Eier aufsammeln, bevor sie zu ihren Jungen hoppelt. Welcher Weg ist der richtige?

Im Korb des Hasen sollten sein: 3 Karotten, 2 Eier,
1 Lauch, 1 Blumenstrauß mit gelben und roten Blumen.
Welcher Korb gehört ihm?

Der Specht

Es hämmert der Specht:
Wurm in der Rinde,
wenn ich dich finde,
geht es dir schlecht!,
hämmert der Specht.

Dem Baum ist das recht.

Friedl Hofbauer

Der tote Vogel

Er pickt nicht mehr,
er fliegt nicht mehr,
er singt sein schönes Lied nicht mehr.
Armer toter Vogel du,
streck dich aus und schlaf in Ruh.
Wir wollen dir was schenken,
weil wir an dich denken:
ein Blümchen,
ein Stöckchen,
einen kleinen Stein,
das soll dein Abschied sein.

Christa Wißkirchen

Die dort und ich

In unserer Hecke lärmten
zwei Dutzend Spatzen, sie schrien:
Tschilp zerr zell, tschippel dürr dieb!
Silb selb, till tell, tschilp zien!

Da bin ich anderer Meinung!,
rief ich. Ihr Spatzen hört zu!
Klicks klokus, brimborum karamba!
Pokus mokus, mixmogel! Mähmuh!

Josef Guggenmos

SOMMER

Trarira, der Sommer, der ist da!
Wir wollen in den Garten
und wolln des Sommers warten.
Ja, ja, ja, der Sommer, der ist da!

Trarira, der Sommer, der ist da!
Wir wolln hinter die Hecken
Und wolln den Sommer wecken.
Ja, ja, ja, der Sommer, der ist da!

(Volkslied)

Schön schmutzig

Leonie und ihre Freundin Hatice haben mindestens schon zehn Eimerchen Wasser in den Sandkasten geschüttet. Und langsam wird aus dem Sand eine schöne glitschige Matschpampe. Sie ziehen Schuhe und Strümpfe aus und waten durch den matschigen Sand.
„Komm, wir ziehen uns ganz aus", schlägt Leonie vor.
Hatice zögert kurz, macht dann aber mit.
Als sie völlig nackt sind, tanzen sie in der Matschpampe herum.
Leonie greift mit den Händen hinein und lässt die Pampe durch die Finger quillen. „Schön", sagt sie.
Hatice klatscht Leonie einen Batzen Matsch auf den Bauch.
„Au ja, mach weiter!", ruft Leonie.
Hatice lässt sich nicht zweimal bitten, und bald sieht Leonie aus wie ein Ferkel, das sich im Schlamm gewälzt hat.
Dann schmiert sie ihre Freundin von Hals bis Fuß ein.
Und beide finden es herrlich, so richtig schön schmutzig zu sein.

Guten Morgen, Margareth

Text und Melodie: Volkslied

Refrain:
Helfen wir der Greth,
sehen, wie das geht,
wenn der Abend kommt heran,
ist die Arbeit getan.

2. Guten Morgen, Margareth,
was tust du in deinem Garten?
Ich harke, wie ihr seht,
da kann man nicht länger warten.

Refrain: Helfen wir …

3. Guten Morgen, Margareth,
was tust du in deinem Garten?
Ich säe, wie ihr seht,
da kann man nicht länger warten.

Refrain: Helfen wir …

4. Guten Morgen, Margareth,
was tust du in deinem Garten?
Ich gieße, wie ihr seht,
da kann man nicht länger warten.

Refrain: Helfen wir …

5. Guten Morgen, Margareth,
was tust du in deinem Garten?
Ich jäte, wie ihr seht,
da kann man nicht länger warten.

Refrain: Helfen wir …

6. Guten Morgen, Margareth,
was tust du in deinem Garten?
Ich ernte, wie ihr seht,
da kann man nicht länger warten.

Refrain: Helfen wir …

Will ich in mein Gärtlein gehn

Text aus „des Knaben Wunderhorn"
Melodie: Volkslied aus Holstein

1. Will ich in mein Gärtlein gehn,
   will mein' Zwiebeln gießen,
   steht ein bucklig Männlein da,
   fängt gleich an zu nießen.

2. Will ich in mein Küchel gehn,
   will mein Süpplein kochen,
   steht ein bucklig Männlein da,
   hat mein Töpflein brochen.

3. Wenn ich an mein Bänklein knie,
   will ein bisschen beten„
   steht das bucklig Männlein da,
   fängt gleich an zu reden:
   liebes Kindlein, ach ich bitt:
   Bet fürs bucklig Männlein mit!

Was gibt es auf einem Bauernhof …

… rund ums Jahr zu tun?

Welches Getreide ist das?

Im Frühling hat die Sämaschine das Getreidekorn in den Boden gelegt. Dort beginnt es zu keimen. Das Saatkorn schrumpft ein. Es wird nicht mehr gebraucht. Die Pflanze wächst und bekommt Blätter. Bald sind die Körner in den Ähren reif.

Weizen ist das meist angebaute Getreide. Brot, Kuchen und auch Nudeln sind aus Weizenmehl gemacht.

Hafer ist sehr gesund. Sicher kennst du Haferflocken? Das sind platt gewalzte Haferkörner.

Dinkel heißt der kleine Bruder des Weizens. Wird er noch jung geerntet, nennt man ihn Grünkern.

Gerste wird als Viehfutter verwendet. Auch Bier wird aus Gerste gebraut.

Aus **Roggen** wird dunkles Mehl gemahlen für dunkles Brot und Honigkuchen.

Wie wird das Getreide geerntet?

Im Sommer ist das Getreide reif. Der Mähdrescher schneidet mit seinen scharfen Messern die Getreidehalme ab. Ein Förderband bringt sie ins Innere der Maschine. Hier werden sie gedroschen.

Die leeren Ähren und die Halme werden zerkleinert und ausgeworfen. Das ist das Stroh für den Stall. Durch das Rohr werden die Körner auf einen Wagen geblasen.

Die Rundballenpresse nimmt das Stroh mit einer Walze auf. In der großen Ballenkammer wird das Stroh zusammengepresst.

Der Ballen bekommt einen Netzüberzug und wird nach hinten ausgeworfen.

Der Wetter-Wettbewerb

Jahrein, jahraus hat Wetterfrosch Willi das Wetter vorhergesagt. Jetzt ist er alt und will endlich in Ruhestand gehen.
„Oh weh", klagen die Tiere. „Und wer soll uns ab jetzt vorhersagen, wann die Sonne scheint und wann es regnet?"
Ja, wer soll Willis Nachfolger werden?
„Ich natürlich", sagt das Eichhörnchen. „Wenn ich auf einen Baum klettere, bin ich dem Himmel am nächsten. Daher weiß ich am besten, wie das Wetter wird."
„Nein, ich!", kräht der Hahn. „Neben Fröschen sind wir Hähne am begabtesten, was das Wettervorhersagen angeht."
Karlchen Maulwurf meldet sich zu Wort. „Gar nicht wahr. Es sind die Maulwürfe. Habt ihr noch nie gesehen, wie viele frische Maulwurfshügel es nach Regenwetter auf der Wiese gibt? Uns überkommt bei schlechtem Wetter einfach die Buddellust!"
„Ach, du buddelst doch immer", widerspricht das Eichhörnchen. „Egal, ob bei schlechtem Wetter oder wenn die Sonne scheint."
Im Nu ist unter den Tieren der schönste Streit im Gange. Sie hüpfen herum, schreien sich an und zanken sich.
„Halt, halt, aufhören!", quakt Wetterfrosch Willi dazwischen. „So kommen wir nie zu einer Entscheidung. Ich habe eine Idee!"
Es dauert eine Weile, bis sich die Tiere wieder beruhigt haben.
„Ich schlage vor, wir veranstalten einen Wettbewerb", sagt Wetterfrosch Willi. „Jeder, der will, darf daran teilnehmen. Derjenige, der das Wetter am besten vorausgesagt hat, wird mein Nachfolger werden."
„Ein Wettbewerb, prima!", ruft das Eichhörnchen.
„Klingt spannend", meint der Maulwurf.
„Ja, und es ist gerecht", findet der Hahn. „Jeder hat die gleichen Chancen."
Die Tiere sind mit Willis Vorschlag einverstanden. Sie finden es toll, dass der alte Wetterfrosch immer so gute Einfälle hat.
„Ich brauche aber einen Misthaufen, damit ich in Stimmung komme", kräht der Hahn.
„Und ich brauche ein Fernglas, damit ich die Wolken besser betrachten kann", verlangt Karlchen Maulwurf.
„Ich brauche nur einen hohen Baum", sagt das Eichhörnchen. „Aber davon wachsen ja genug im Wald."
„Ich brauche auch nichts", quakt Felix, der kleine Frosch, leise. Er ist Willis Neffe.
„Wie?", wundert sich Willi. „Willst du Winzling etwa auch mitmachen? Du bist doch kaum mehr als eine Kaulquappe."
„Ich bin schon ein richtiger Frosch", sagt Felix beleidigt. „Hast du das nicht gemerkt? Ich hab schon Arme und Beine. Meinen Kaulquappenschwanz habe ich längst verloren."
Willi betrachtet seinen Neffen.
„Ja, stimmt, du bist ein richtiger Frosch. Aber erst ein klitzekleiner", sagt er gutmütig. „Du ertrinkst ja schon, wenn dir ein Regentropfen auf den Kopf fällt."

„Gar nicht wahr“, empört sich Felix. „Lass ihn doch mitmachen“, bittet das Eichhörnchen. „Du hast schließlich gesagt, dass jeder an dem Wettbewerb teilnehmen kann.“

Willi gibt nach. „Na gut, meinetwegen.“

Inzwischen hat der Hahn seinen Misthaufen bekommen und der Maulwurf das Fernglas.

„Alles klar?“, fragt Willi. „Dann können wir anfangen. Also – wie wird morgen das Wetter?“

Das Eichhörnchen klettert gleich auf einen hohen Baum. „Morgen könnt ihr eure Schirme zu Hause lassen“, verkündet es, während es im Wipfel herumturnt. „Nur Sonne und blauer Himmel, so weit ich schauen kann.“

„Nein, es gibt Nebel“, widerspricht der Maulwurf. „Es regnet nicht, aber die Sonne kommt auch nicht raus.“

„Was meinst du, Hahn?“, fragt Willi.

Der Hahn klettert auf den Misthaufen. „Kräht der Hahn auf dem Mist“, ruft er, „ändert sich das Wetter oder es bleibt, wie es ist.“ Er kräht laut.

„Das gilt nicht“, sagt Willi. „Bitte genauer.“

„Ich würde sagen, es bleibt schön“, antwortet der Hahn. „Gegen Abend gibt’s vielleicht ein paar Gewitterwolken, aber tagsüber herrscht schwülwarmes Sommerwetter.“

„Alles Unsinn“, meint Felix leise. „Es regnet morgen, und zwar den ganzen Tag. Und die Sonne lässt sich überhaupt nicht blicken.“

Die Tiere lachen.

„Dein Neffe ist ein Schwarzseher“, sagt der Hahn und reckt wichtigtuerisch den Hals.

„Hm“, macht Willi nur und wiegt nachdenklich den Kopf. „Abwarten. Ich bin sehr gespannt, wer Recht haben wird.“

Die Tiere verabschieden sich und gehen schlafen.

Am nächsten Morgen erwacht Karlchen Maulwurf durch leises Getrommel. Als er die Nase aus dem Bau steckt, wird sie nass.

„Feuchter Morgennebel“, sagt Karlchen Maulwurf zufrieden und hält seine Nase noch höher. „Genau, wie ich es gesagt habe.“
„Du brauchst eine Brille, Schätzchen“, sagt die Schnecke vor ihm im Gras. „Siehst du denn nicht, wie es regnet?“
Karlchen Maulwurf reibt sich die Augen und blinzelt. Dann nimmt er sein Fernglas. Es wird sofort tropfnass. „Es regnet tatsächlich“, stellt Karlchen fest.
„Kikeriki“, ruft der Hahn und saust durch den Regen über die Wiese. „Hab ich nicht gesagt, dass sich das Wetter ändern wird?“
„Nein, du hast zuletzt gesagt, dass es schön bleiben wird“, erinnert sich die Schnecke. „Und das Eichhörnchen hat es auch gesagt.“
„Ich habe mich leider etwas geirrt“, sagt das Eichhörnchen und schüttelt seinen buschigen Schwanz, dass die Tropfen spritzen.
Willi hüpft übers Gras. „Ihr habt euch alle geirrt“, stellt er fest. „Karlchen Maulwurf, der Hahn und das Eichhörnchen.“
„Nur ich nicht“, quakt es leise und Felix kriecht unter einem Blatt hervor.
„Du hast als Einziger Recht gehabt“, sagt Willi anerkennend. „Damit hast du den Wettbewerb eindeutig gewonnen. Gratuliere! Du wirst mein Nachfolger.“
Felix macht vor Freude einen riesigen Luftsprung.
„Aber er ist doch noch so klein“, meldet das Eichhörnchen Bedenken an. „Glaubst du wirklich, dass ein winziges Kerlchen wie er schon so eine wichtige Aufgabe übernehmen kann?“
Willi räuspert sich ein bisschen. „Ich denke schon“, antwortet er. „Ich war auch noch ein blutjunger Hüpfer, als ich Wetterfrosch wurde. Tja, das waren noch Zeiten …“
Willi gerät ins Schwärmen. Doch dann besinnt er sich wieder. „Nein, Felix ist nicht zu jung“, betont er. „Ich bin überzeugt, er kann seine Aufgabe so gut erfüllen wie ich damals.“
Die Tiere klatschen laut. „Es lebe Felix, unser neuer Wetterfrosch“, rufen sie immer wieder.
Das macht Felix so verlegen, dass er erst einmal im Bach untertauchen muss. Aber er freut sich riesig.
Ab diesem Tag sagt Felix allen, die es wissen wollen, das Wetter voraus. Meistens sitzt er abends auf seinem Lieblings-Seerosenblatt und wartet, dass jemand kommt und fragt, ob morgen schönes Picknick-Wetter ist.
Dann sagt Felix ihm, dass er getrost den Ausflug planen kann oder dass er damit besser noch einen Tag wartet.
Und es stimmt immer.

Was fliegt denn da?

Die Mauerkräutchen

Wir Mauerkräutchen sitzen
gemütlich in den Ritzen,
halten uns fest mit Wurzeln,
dass wir nicht runterpurzeln.
Ein Gräschen,
ein Löwenzähnchen,
ein winzig kleiner Baum.
Wie sind wir hier
hingekommen?

Der Wind
hat ein Samenkorn mitgenommen
und einfach hergeweht,
wie das so geht.
Wir wachsen nicht viel größer,
wir bleiben ziemlich klein.
Aber irgendwo muss ja auch ein Garten
für Zwerge sein.

Christa Wißkirchen

Suse

Muhme Suse Brummel
Steht vor unsrer Tür –
Holt noch einen Brummbass her,
Holt noch einen Zottelbär,
Holt noch eine Hummel,
Dann brummen sie alle vier.

Victor Blüthgen

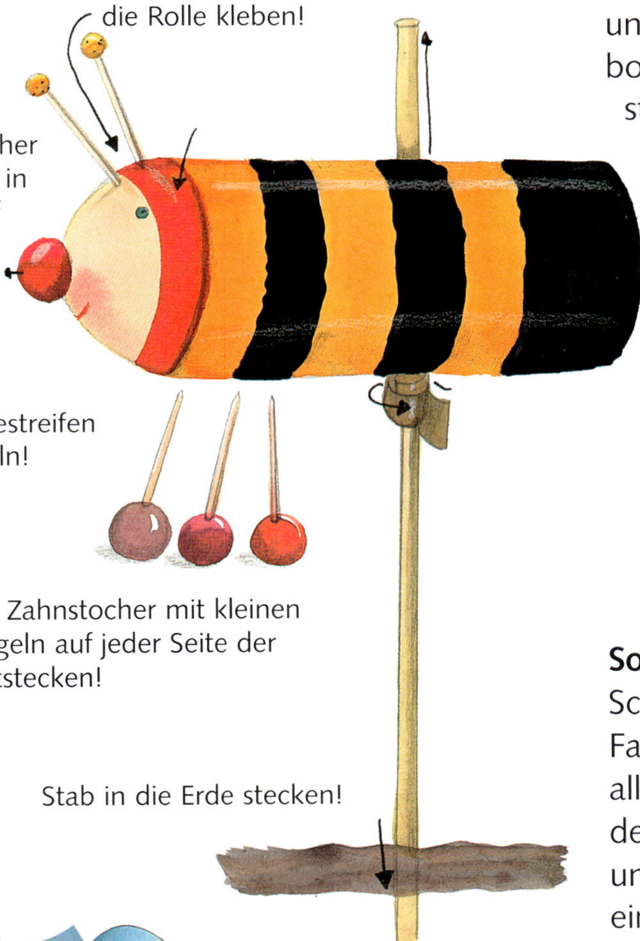

Die Hummel brummt im Wind

Du brauchst
1 leere Küchenrolle,
1 große, rosa Wattekugel,
6 kleine Wattekugeln,
1 Holzstab,
3 Perlen,
8 Zahnstocher,
3 Stecknadeln,
1 DIN-A3-Bogen festes Papier
und Klebestreifen.

So wird die Hummel gebastelt
Zuerst malst du die Küchenrolle schwarz und gelb an. Wenn sie getrocknet ist, bohrst du zwei Löcher, durch die der Holzstab geschoben wird. Auf der Zeichnung kannst du sehen, wie es weitergeht.

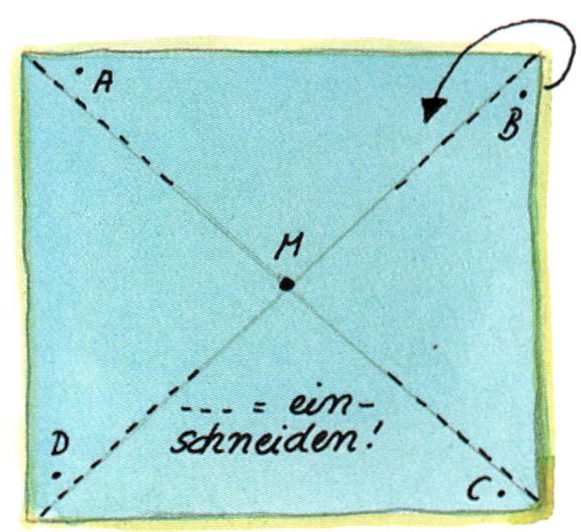

So faltest du ein Windrad
Schneide aus dem Papier ein Quadrat. Falte es diagonal zweimal und schneide alle vier Ecken so weit ein, wie du es auf der Zeichnung siehst. Die Punkte A, B, C und D biegst du in die Mitte und steckst eine Stecknadel hindurch. Unten wird eine Perle aufgespießt, dann steckst du die Nadel in einen Holzstab.

Ententreffen

Schaukelenten

Du brauchst
halbrunde leere Käseschachteln,
weiße Plakafarbe,
weiße Federn,
festen Karton,
Schere,
Papiermesser,
Klebstoff,
Pinsel,
gelben Filzstift,
Flaschenkorken,
Krepppapier

Auf Karton zeichnest du die Entenköpfe auf und schneidest sie aus. Die Entenköpfe und die Schachteln werden weiß bemalt. Wenn die Farbe getrocknet ist, klebst du die Köpfe und die Federn an.
Zum Schluss kannst du noch Zwerge aus Flaschenkorken, die mit Krepppapier beklebt werden, auf den Entenrücken reiten lassen.

Eine kleine junge Ente
geht sehr gerne schnell.
Pitsche-patsche-ritsche-ratsche,
wenn sie könnte
durch die Matsche,
ist sie gleich zur Stell.

Schwimmenten

Du brauchst
festes Papier, Schere, Flaschenkorken, Messer, Klebstoff, Filzstifte.

Auf Papier werden die Enten aufgemalt, dann ausgeschnitten. In einen halbierten Flaschenkorken schneidest du oben einen Schlitz. In den Schlitz steckst du die Ente. Du kannst sie sofort schwimmen lassen.

Mit Klebstoff bestreichen!

Mit dem Messer einritzen!

Laufente

Du brauchst
Karton, Farben zum Bemalen, Schere, Briefklammer.

Du malst einen Entenkörper auf Karton auf und schneidest ihn aus. Auf ein weiteres Stück Karton wird ein Kreis gezeichnet. Auf den Kreis malst du die Füße und schneidest ihn dann aus. Der Kreis wird hinter der Laufente mit einer Briefklammer befestigt.

Alle meine Entchen

Text und Melodie: Volkslied

1. Alle meine Entchen schwimmen auf dem See,
   Köpfchen in das Wasser, Schwänzchen in die Höh.

2. Alle meine Tauben gurren auf dem Dach,
   fliegt eins in die Lüfte, fliegen alle nach.

3. Alle meine Hühner scharren in dem Stroh,
   finden sie ein Körnchen, sind sie alle froh.

4. Alle meine Gänschen watscheln durch
   den Grund,
   suchen in dem Tümpel, werden kugelrund.

Heut ist ein Fest bei den Fröschen am See

Text und Melodie: Volkslied

Kanon zu 3 Stimmen

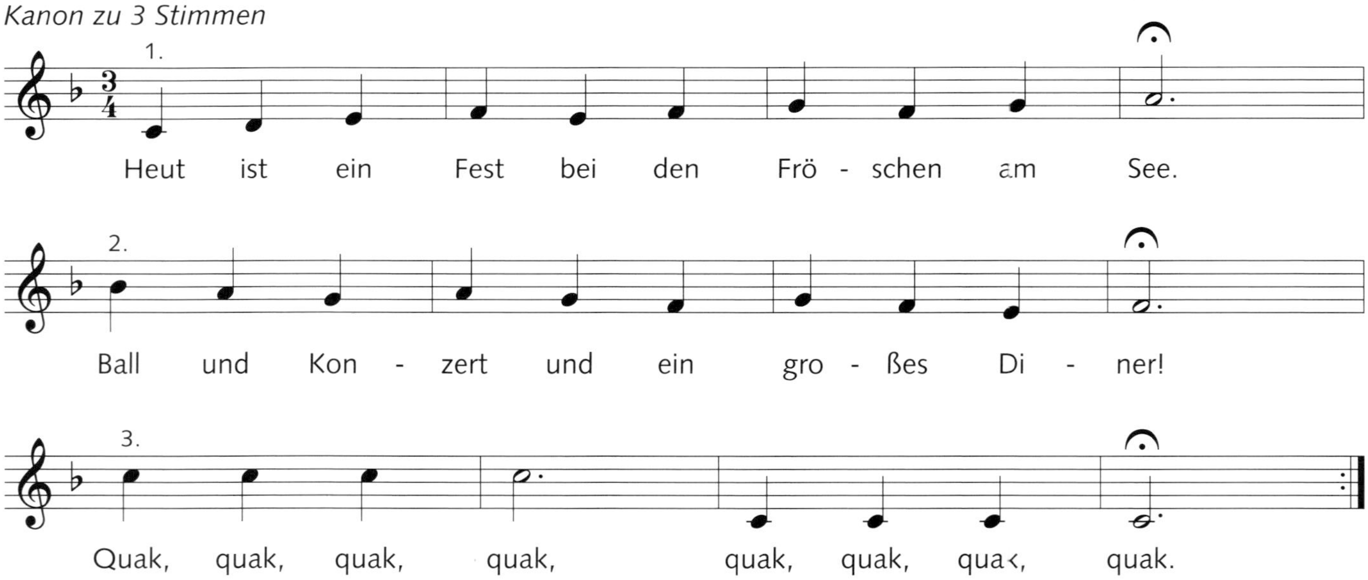

Heut ist ein Fest bei den Fröschen am See,
Ball und Konzert und ein großes Diner!
Quak, quak, quak, quak, quak, quak, quak, quak.

Was krabbelt da?

Auf der Wiese krabbelt und zappelt es. Suche die Tiere, die Lisa mit der Lupe betrachtet. Weißt du, wie sie heißen?

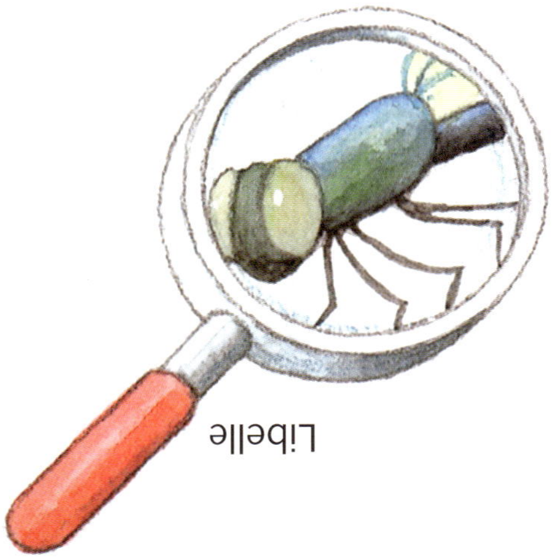

Wespe
Marienkäfer
Grüne Heuschrecke

Was schwimmt denn da?

Lucie hat ein neues Tierbuch. Welches Tier aus ihrem Buch sucht sie vergeblich am Teich? Welche Tiere findet sie gleich zweimal?

Nicht im Bild: Storch; zweimal im Bild: Stockente, Männchen

Hauptsache zusammen

In den Sommerferien ist Anne mit ihrer Mama zwei Wochen in Italien. Obwohl es ihr am Meer gefällt, denkt sie oft an ihre Freundin Selina. Mit ihr wäre es hier viel schöner.
Genauso geht es Selina, die mit ihrer Familie noch eine Woche länger Ferien an der Nordsee macht.
Nach drei langen Wochen treffen sich die beiden Mädchen endlich wieder und umarmen sich bei der Begrüßung.
„Ich freu mich so, dass du wieder da bist", sagt Anne.
„Ich auch."
Anne nimmt Selinas Hand. „Nächstes Mal sage ich meiner Mama, dass ich nur mitfahre, wenn du mit uns kommst."
„Oder du mit uns."
„Hauptsache, wir sind zusammen", meint Anne.
Selina nickt. „Sonst sind die Ferien nämlich gar nicht richtig schön."

Bis nach oben

Mitten im Neubaugebiet am Stadtrand gibt es einen tollen Spielplatz. Lukas spielt im Sandkasten und schaut ein paar Kindern zu, die am Klettergerüst um die Wette klettern. „Bei denen sieht das so einfach aus“, denkt er. Aber wenn er davor steht, verlässt ihn immer der Mut.
Als die anderen Kinder genug geklettert sind, geht Lukas langsam zum Klettergerüst.
Er schaut nach oben und hat ganz weiche Knie.
Die Gedanken sausen nur so durch seinen Kopf.
„Soll ich oder soll ich nicht?“
Er hebt den Arm, greift nach einem Querseil und steigt vorsichtig Sprosse um Sprosse hoch. Auf halber Höhe bleibt er stehen, schaut nach unten und steigt wieder hinab.
Unten angekommen sagt er leise zu sich selbst: „Morgen klettere ich bis nach oben.
Ganz bestimmt.“

Wann Freunde wichtig sind

Freunde sind wichtig
zum Sandburgenbauen,
Freunde sind wichtig,
wenn andere dich hauen,
Freunde sind wichtig
zum Schneckenhaussuchen,
Freunde sind wichtig
zum Essen von Kuchen.

Vormittags, abends,
im Freien, im Zimmer …
Wann Freunde wichtig sind?
Eigentlich immer!

Georg Bydlinski

Alle Tage sind verschieden.
Je nachdem, mal so, mal so.
Heute bin ich unzufrieden,
morgen bin ich wieder froh.

Frantz Wittkamp

Ich kann euch nur noch hassen,
ich finde euch gemein,
ich werde euch verlassen,
dann seid ihr ganz allein.

Frantz Wittkamp

HERBST

Herbstwind malt auf grüne Blätter
Ocker, Gelb und Dunkelbraun,
wirbelt golddurchwirktes Licht
durch des Himmels weiten Raum.

(Monika Schudel)

Der Mann mit dem Hut

Einmal im Herbst pfiff und heulte der Wind um die Ecken.
Und schon hatte er einem Mann, der gerade des Weges kam, den Hut vom Kopf gerissen und weggeweht.
Sofort lief der Mann hinterher. Doch jedes Mal, wenn er sich nach dem Hut bückte, stieß ihn der Wind wieder ein Stück weg!
So ging es eine ganze Weile, kreuz und quer durch die Stadt.
In einer langen, geraden Straße sah der Mann seinen Hut zum letzten Mal. Er rollte geradewegs unter die vielen Autos, die über ihn fuhren.
Erst schimpfte der Mann fürchterlich auf den Herbst. Dann auf das Herbstwetter und schließlich auf den Wind. Als ihm alle Schimpfwörter ausgegangen waren, spürte der Mann plötzlich, dass die Kälte auf seinem Kopf hockte. Es fror den Mann erbärmlich, denn er hatte auch nicht ein einziges Haar auf seinem Kopf!

Schnell ging er nach Hause. Seine Frau tröstete ihn und begann ihm eine warme Mütze zu stricken. Die setzte er dann auf, und er musste nie wieder einem Hut hinterherjagen und auf den Herbstwind schimpfen.

Hejo! Spann den Wagen an

Text und Melodie: Kanon aus England

Kanon zu 3 Stimmen

Hejo! Spann den Wagen an,
denn der Wind treibt Regen übers Land.
Hol die goldnen Garben,
hol die goldnen Garben!

Es regnet, wenn es regnen will

Text und Melodie: Karl Friedrich Zelter

Kanon zu 4 Stimmen

Es regnet, wenn es regnen will,
und regnet seinen Lauf.
Und wenn's genug geregnet hat,
so hört es wieder auf.

Es regnet, tropf, tropf, auf das Haus

Text: Otto Bleusdorf
Melodie: Volkslied

Refrain:
Es regnet, es regnet,
tropf, tropf, tropf, tropf, tropf auf das Haus.
Es regnet, es regnet,
juchhei, ich muss hinaus!

1. Der Regen tut ja gut für mich,
im andern Jahr, da wachse ich,
tralalalalalala, tralalalalalala.

Refrain: Es regnet …

2. Mit bloßen Füßen merkt man gut,
wie wohl das laue Wasser tut, trala…

Refrain: Es regnet …

3. Und wessen Schuhe nicht mehr ganz,
der macht jetzt einen Eiertanz,
trala…

Refrain: Es regnet …

4. Marie hat einen neuen Hut,
für die ist wohl ein Schirm recht gut,
trala…

Refrain: Es regnet …

5. Ei, seht doch nur den dicken Mann,
der läuft jetzt, was er laufen kann,
trala…

Händlerware

Kaufleute waren sehr beliebt. Sie verkauften Dinge, die das Leben angenehm machten.

Geschirr aus Zinn und Besteck

Trinkhörner und Pokale

Stoffe, die mit Pflanzenfarben gefärbt waren

Auf einer Burg

Ein Zug von Kaufleuten kommt auf der herzoglichen Hofburg an. Sie lenken ihre Wagen zu dem größten Haus auf dem äußeren Burghof. Dort wohnt der Burgvogt. Auf dem Burghof herrscht viel Trubel.

Felle

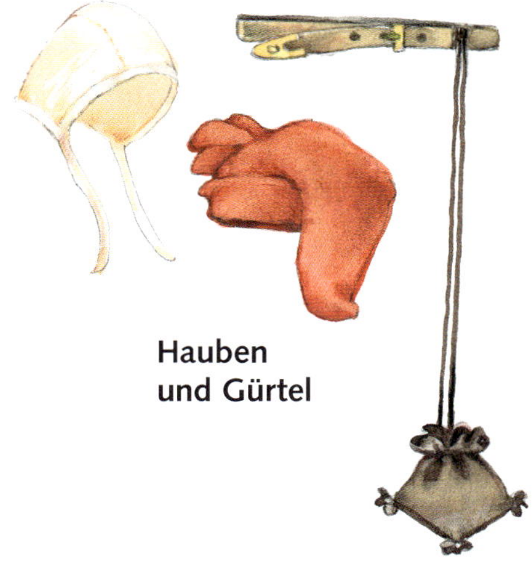

Hauben und Gürtel

Der Burgherr

Der Burgherr war der Herrscher der Burg und des Landes. Er sorgte für den Bau, die Instandhaltung und Verteidigung der Burg und verpachtete die Ländereien an die Bauern. Diese mussten ihm dafür Abgaben zahlen und für ihn arbeiten. Der Burgherr beschützte seine Gefolgsleute, schlichtete Streitigkeiten und sorgte für Ordnung. Wichtige Beschlüsse ließ er auf Pergamentrollen niederschreiben und mit seinem persönlichen Siegel versehen.

Die Burgherrin

Die Burgherrin überwachte die Vorräte und kümmerte sich um die Arbeit der Dienstboten. Ihre Söhne erzog sie, bis sie sieben Jahre alt wurden, dann kamen die Jungen zur weiteren Erziehung an einen anderen Ritterhof. Ihren Töchtern brachte sie das Spinnen, Weben, Sticken und sogar Lesen bei. Sie zeigte ihnen, wie man tanzt, sich schön kleidet, frisiert und schmückt.

In der Burgküche

In der Burgküche riecht es nach gebratenem Fleisch, gekochtem Gemüse, feinen Gewürzen und frisch gebackenem Brot. Die Herzogin bringt dem Koch selbst gepflückte Kräuter und gibt die letzten Anweisungen für das Abendessen. Der Bäcker holt gerade frisches Gebäck aus dem Ofen: leckere Honigkuchen für ein festliches Mahl mit den Kaufleuten.

Das brauchte man alles für ein großes Fest:

252 Schafe
242 Lämmer und Kitze
69 Rinder
58 Schweine
357 Schweineschultern
12 Gänse
185 Hühner
8960 Eier
2995 Laib Käse
35 Schüsseln mit Fett
55 560 Laib Brot
2 Zentner Pfeffer
15 Zentner Reis
10 Zentner Mandeln
4 Zentner Rosinen
3000 Datteln
17 Zentner Feigen
Sackweise Gewürze:
Safran, Ingwer, Muskat,
Nelken und Zimt
20 000 Liter Wein

Das war die Einkaufsliste für die Hochzeit des Heinrich von Kärnten mit Adelheid von Braunschweig im Jahre 1315. Die Hochzeitsgesellschaft bestand aus 1000 Gästen.

Herbstspaß im Kindergarten

Letzte Woche haben sie im Kindergarten Drachen gebastelt und auf der großen Wiese steigen lassen. Lauras Drachen flog am höchsten. Er zerrte so sehr an der Schnur, dass sie riss. Da flog der Drachen in den Himmel – ganz hoch.
Er wurde immer kleiner und dann war er ganz verschwunden.
Zuerst war Laura traurig.
Aber dann hat sie sich gedacht: Ihr Drachen wird sicher zum Mond fliegen. Die Mondfrau wird Augen machen!

Heute spielen sie im Kindergarten
die Legende vom heiligen Martin.
Auf einem Steckenpferd reitet
Laura durch den Gruppenraum.
Sie ist der heilige Martin.
Max spielt den armen Bettler, mit
dem Martin seinen Umhang teilt.
Die anderen Kinder sind Leute,
die den armen Mann nicht
beachten, oder Engel.
Jeder darf mal der heilige Martin sein.

Der heilige Martin

Die Martinsspiele werden zur Erinnerung an den heiligen Martin veranstaltet, meistens werden auch Laternenumzüge gemacht und Martinslieder gesungen.

Sankt Martinslied

Volkslied vom Niederrhein

1. Sankt Martin, Sankt Martin,
   Sankt Martin ritt durch Schnee und Wind,
   sein Ross, das trug ihn fort geschwind.
   Sankt Martin ritt mit leichtem Mut:
   Sein Mantel deckt ihn warm und gut.

2. Im Schnee saß, im Schnee saß,
   im Schnee, da saß ein armer Mann,
   hatt Kleider nicht, hatt Lumpen an:
   „Oh helft mir doch in meiner Not,
   sonst ist der bitt're Frost mein Tod!"

3. Sankt Martin, Sankt Martin,
   Sankt Martin zieht die Zügel an,
   das Ross steht still beim armen Mann.
   Sankt Martin mit dem Schwerte teilt
   den warmen Mantel unverweilt.

4. Sankt Martin, Sankt Martin,
   Sankt Martin gibt den halben still,
   der Bettler rasch ihm danken will.
   Sankt Martin aber ritt in Eil
   hinweg mit seinem Mantelteil.

Kürbislaterne

Du brauchst:

- Zeitungspapier
- Tapetenkleister
- einen großen Luftballon
- Acrylfarben
- einen Pinsel
- einen Cutter
- einen Stift

1 Blase den Ballon auf und bereite den Kleister nach der Packungsanweisung vor. Zerreiße die Zeitung in kleine Papierschnipsel. Verteile Kleister auf dem Ballon. Setze die Papierschnipsel auf den Kleister und verteile abermals Tapetenkleister auf der Papierschicht. Lasse am oberen Rand des Ballons eine Öffnung frei.

3 Grundiere die ganze Laterne mit Weiß und lasse sie etwa 20 Minuten trocknen, bevor du sie orange bemalst.
Falls notwendig, streiche sie ein zweites Mal orange und lasse sie wieder 20 Minuten trocknen.

2 Fahre in dieser Weise fort, bis du den Ballon vollständig mit zwei Schichten Papier beklebt hast. Lasse ihn 24 Stunden trocknen. Wiederhole dieses Verfahren dreimal, bis du sechs Papierschichten hergestellt hast.

Verwende ein altes Telefonbuch, indem du eine Schicht mit gelben Seiten und eine Schicht mit weißen Seiten klebst: So kannst du sehen, wie viele Schichten du schon geklebt hast.

4 Stich den Ballon an, damit er platzt, und hole ihn heraus. Male die Augen, die Nase und den Mund mit einem Stift vor. Bitte einen Erwachsenen, sie mit einem Cutter herauszuschneiden. Setze eine elektrische Lampe hinein.

Stelle die Laterne hinter ein Fenster. Nachts wirkt das schön schaurig!

Wenn du einen echten Kürbis lieber magst, bitte einen Erwachsenen, den unteren Teil abzuschneiden, höhle dann den Kürbis mit einem großen Löffel aus. Bitte einen Erwachsenen, die Augen, die Nase und den Mund mit einem spitzen Messer auszuschneiden, außerdem braucht die Laterne eine runde Öffnung von 2 cm Durchmesser für ein „Abzugsloch" oben auf dem Kopf. Stelle eine Kerze auf den Boden des Kürbisses, dann setze den Kopf darauf.

Herbstfrüchte und Herbsttiere

Zeig mir, was ist innendrin?

Grüner Igel fällt vom Baum,
pikst mich in den Finger.

Zeig mir, was ist innendrin?
Glatte, braune Dinger.

Einen Apfel pflück ich dir,
dick und rund und schwer.

Zeig mir, was ist innendrin?
Kerne – und noch mehr!

Christa Wißkirchen

Katze, mach dein Mäulchen auf,
sag mal A und gähne!

Zeig mir, was ist innendrin?
Lauter spitze Zähne.

Christa Wißkirchen

Apfel-Kerle

Aus Fallobst kannst du mit Hilfe von Zweigen, Gräsern, Blättern, Federn und mit Zahnstochern solch verwegene Kerle basteln.
Alles, was du, vielleicht bei einer Herbstwanderung, bei dir haben musst, sind Zahnstocher und einen Erwachsenen mit einem Taschenmesser.

In einem kleinen Apfel,
da sieht es niedlich aus;
es sind darin fünf Stübchen,
grad wie in einem Haus.

In jedem Stübchen wohnen
zwei Kernchen braun und klein;
die liegen drin und träumen
vom lieben Sonnenschein.

Sie träumen auch noch weiter
gar einen schönen Traum,
wie sie einst werden hängen
am lieben Weihnachtsbaum.

Was ist das?

Trag tausend Nadeln her und hin,
obwohl ich doch kein Schneider bin!

(Der Igel)

Der Nagel-Igel

Du brauchst
Holzreste aus der Tischlerei, Holzleim, Hammer und Nägel, 2 Glastieraugen (Bastelgeschäft), Bastfäden.

Zuerst suchst du Holzstücke aus, die gut zusammenpassen. In das größte Holzstück, das der Körper wird, schlägst du mit dem Hammer viele Nägel ein. Dann leimst du Kopf und Beine an. Zum Schluss klebst du die Tieraugen an. Schnauze und Barthaare nicht vergessen.

Knete-Igel

Du brauchst
Kiefernzapfen, Knete in Braun und Pink, Klebstoff, schwarze Holzperlen.

Aus brauner Knete formst du einen Igelkopf mit Ohren. Den Kopf klebst du mit Klebstoff an die Kiefernzapfen. Dann formst du noch Beine aus Knete und klebst sie ebenfalls an. Die Perlen drückst du als Augen in die Knete. Fertig!

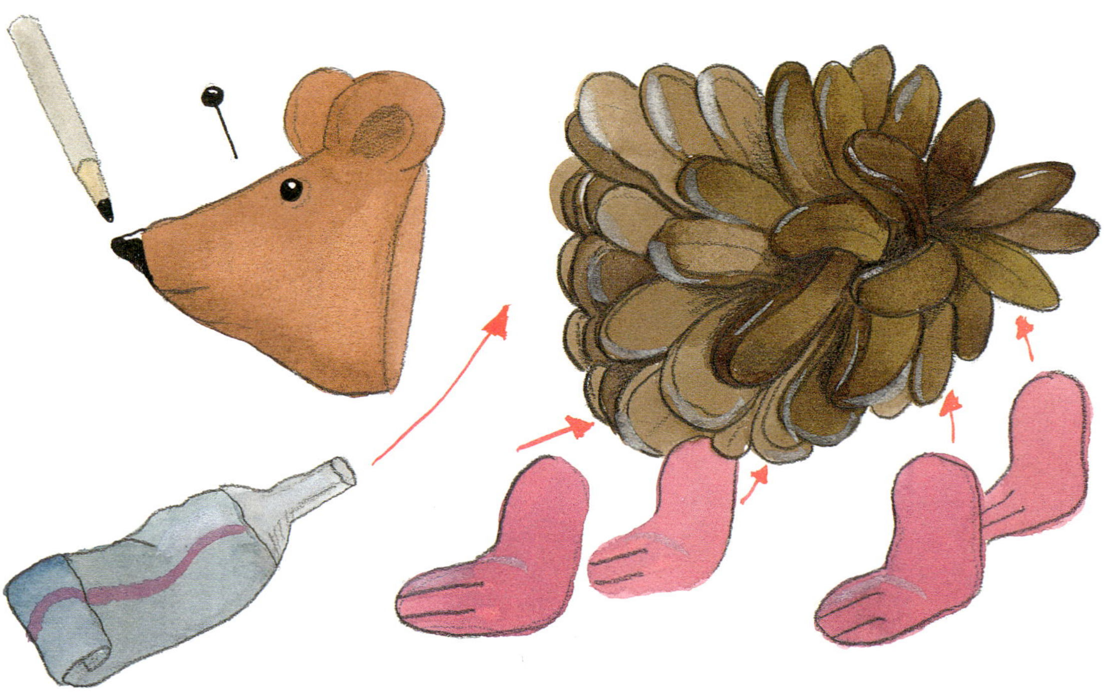

Auf dem vi-va-bunten Berge
wohnen vi-va-bunte Zwerge.
Und die vi-va-bunten Zwerge
haben vi-va-bunte Kinder.
Und die vi-va-bunten Kinder
essen jeden Tag ein Ei:
Eins, zwei, drei
und du bist frei!

Fingerpilze

Aus farbigem Knetmaterial kannst du solche Fingerpilze formen. Die fertigen Pilze können an der Luft oder im Backofen gehärtet werden (je nach Material), dann halten sie länger und du kannst besser damit spielen. Vielleicht machst du auch noch andere Figuren, Zwerge, Tiere oder was dir sonst gefällt.

Ein Regentag mit Leo Rätsellöwe

Leo betrachtet sich in einer Pfütze.
Welches ist das richtige Pfützen-Spiegelbild?

Das Pfützen-Spiegelbild links unten

Leo hat einen Gummistiefel gefunden und bringt ihn in das Fundbüro. Da stehen schon viele Stiefel. Einige haben das gleiche Muster wie Leos Fundstücke. Findest du alle mit den gleichen Mustern?

Leo und Toni suchen für sich zwei gleiche Schirmmützen.
Hilfst du ihnen dabei?

Siehst du 5 gelbe Regenwürmer, 8 rosafarbene, 4 grüne und 3 rote?

5	8	4	3

Einladung

Es klopft jemand an,
in der Nacht, an das Haus.
Da schaut jemand oben
zum Fenster heraus.

Wer schaut da heraus?
Der jemand bist du.
Da unten steht einer
ohne Hut, ohne Schuh.

Da steht er, der Bär,
der pelzige Mann.
„Hallo!“, so ruft er.
Und das sagt er dann:

„Komm herab, komm heraus,
dann werde ich mich bücken
und du – ich bin stark –
steigst mir auf den Rücken.

Dann gehn wir spazieren,
aber weit, weit, weit fort:
zu den Räubern, zu den Wölfen,
an den gruseligsten Ort!

Kommst du mit?“, fragt der Bär.
„Willst du? Nein oder ja?“
Und du? Du da oben –
was sagst du da?

Josef Guggenmos

Es gibt ein Gespenst,
das du nicht kennst.
Aber es kennt dich!

Ist der Gedanke nicht fürchterlich?

Martin Auer

WINTER

Juchhe, juchhe,
juchhe, der erste Schnee!
In großen, weißen Flocken,
so kam er über Nacht
und will uns alle locken
hinaus in Winterpracht.

(Volkslied)

Ein Bärenhunger

Noberto hält seinen Winterschlaf wie alle Bären um diese Zeit.
Plötzlich wacht er auf. Er hört ein Furcht erregendes Geräusch:
„Grrr, grrr, grrr!"
Ist jemand in seine Höhle gekrochen, während er schlief?
„Grrr, grrr, grrr!" Da ist schon wieder dieses gruselige Grummeln.
Es ist ganz nah. Auf einmal merkt Noberto, dass sein Magen
so laut knurrt!
Hat er im Herbst nicht genug gegessen?
„Wo finde ich mitten im Winter nur Futter?", denkt Noberto.
Draußen schneit es. Es gibt keine Früchte, keine Haselnüsse,
keine Eicheln und keinen Honig!
„Grrr, grrr, grrrrrrrr!" Nobertos Magen knurrt immer lauter.
„He, Bär, hör auf, so einen Lärm zu machen."
Noberto wundert sich. „Wer spricht da?"
„Wir! Und nun gib endlich Ruhe!", hört er wieder eine Stimme.
„Ich kann nichts dafür", brummt Noberto.
„Mein Magen knurrt vor Hunger."
„Wenn es nur das ist", erwidern die Nachbarn und
krabbeln zwischen den Felsspalten hervor.
„Unsere Vorratskammern sind voll bis oben hin!
Du kannst gerne etwas abhaben!"
Noberto kann sich richtig satt essen
und bis zum Frühjahr weiterschlafen.

Süßer die Glocken nie klingen

Text und Melodie: Volkslied aus Schlesien

1. Süßer die Glocken nie klingen
   als zu der Weihnachtszeit,
   's ist als ob Engelein singen
   wieder von Frieden und Freud,
   wie sie gesungen in heiliger Nacht,
   wie sie gesungen in heiliger Nacht!
   Glocken mit heiligem Klang,
   klingt doch die Erde entlang.

2. Oh, wenn die Glocken erklingen,
   schnell sie das Christkindlein hört,
   tut sich vom Himmel dann schwingen,
   eilet hernieder zur Erd,
   segnet den Vater, die Mutter, das Kind,
   segnet den Vater, die Mutter, das Kind.
   Glocken mit heiligem Klang,
   klingt doch die Erde entlang.

3. Klinget mit lieblichem Schalle
   über die Meere noch weit,
   dass sich erfreuen doch alle
   seliger Weihnachtszeit!
   Alle aufjauchzen mit einem Gesang,
   alle aufjauchzen mit einem Gesang.
   Glocken mit heiligem Klang,
   klingt doch die Erde entlang.

Kling, Glöckchen

Text und Melodie: Volkslied

1. Kling, Glöckchen, klingelingeling,
kling, Glöckchen, kling!
Lasst mich ein, ihr Kinder,
ist so kalt der Winter,
öffnet mir die Türen,
lasst mich nicht erfrieren.
Kling, Glöckchen, klingelingeling,
kling, Glöckchen, kling!

2. Kling, Glöckchen, klingelingeling,
kling, Glöckchen, kling!
Mädchen, hört, und Bübchen,
macht mir auf das Stübchen,
bring euch viele Gaben,
sollt euch dran erlaben.
Kling, Glöckchen …

3. Kling, Glöckchen, klingelingeling,
kling, Glöckchen, kling!
Hell erglühn die Kerzen,
öffnet mir die Herzen,
will drin wohnen fröhlich,
frommes Kind, wie selig.
Kling, Glöckchen …

Winters Einzug

Nun zieht mit seiner ganzen Macht
Herr Winter wieder ein.
Vergangen ist der Fluren Pracht,
Erbleicht der Sonne Schein.

Weh uns! Schon naht der kalte Mann
Mit seinem weißen Bart!
Wer Arm und Beine rühren kann,
Kommt, hemmet seine Fahrt!

Schließt Tür und Tor und Fenster zu
Und lasst ihn nicht herein,
Dass er uns nichts zu Leide tu!
Es friert ja Groß und Klein.

Gewappnet ist der Kinder Schar,
Die ihm entgegentritt.
Was hilft's? Er kommt wie alle Jahr,
Bringt Schnee und Eis uns mit.

Bringt eine lange, lange Nacht
Und einen kurzen Tag.
Des Schneegestöbers Flockenjagd
Und noch so manche Plag.

Doch kennt er viele Freuden auch,
Bringt neuer Märchen Traum
Und hat – es ist sein alter Brauch –
Bei sich den Weihnachtsbaum.

Eisblumen malt ans Fenster er
In weißem Blütenkranz,
Die freuten uns noch immer sehr
Mit ihrem Zauberglanz.

Schneemänner gar und Blindemaus
Und Schattenspiel bei Licht:
Das bringt der Winter auch ins Haus;
Drum schmäht den Alten nicht!

Herein, herein denn, Wintermann!
Komm, setz dich zum Kamin!
Wärm deine kalten Hände dran
Und auf ein Märchen sinn! –

Erzähl es dann – wir hören zu,
Wir haben sorgsam Acht,
Und ist es aus, gehen wir zur Ruh
Und wünschen gute Nacht.

Franz von Pocci

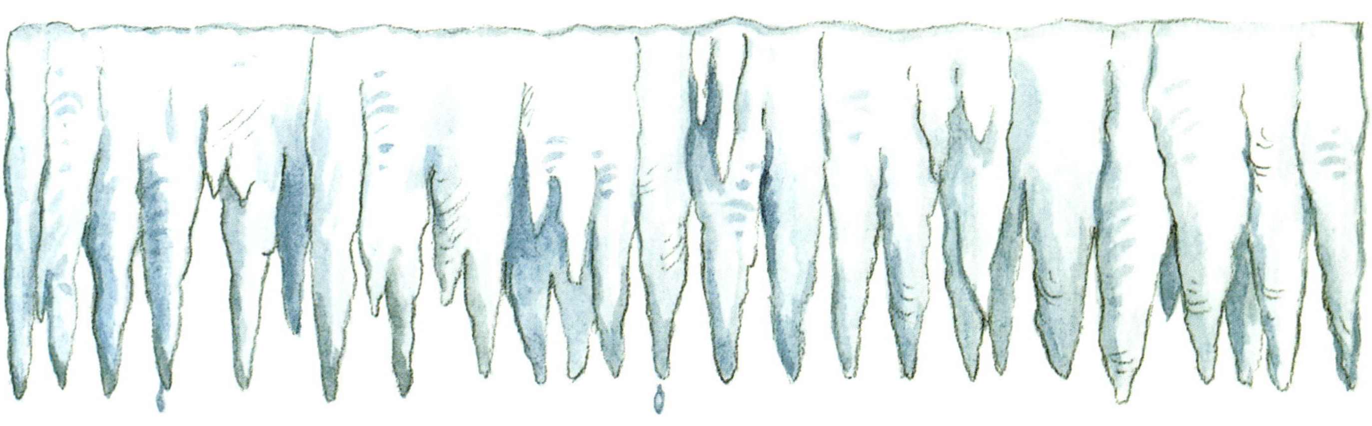

Das große Schnee-Labyrinth

ZIEL

Weihnachtsrätsel

Geschenke vor und nach der Bescherung!
In welchem Paket war welches Geschenk verpackt?

Gabriel, Angela, Paloma und Jenny haben gezeichnet.
Wer hat welches Bild gemalt?

3 – 2 – 1 – START

Ein Weltraumfahrer hatte in seinem Garten eine wunderschöne Schneefrau gebaut und sich in sie verliebt.
Am 1. Februar sollte er mit einer Rakete zum Mond fliegen, aber er brachte es nicht übers Herz, seine geliebte Schneefrau allein zurückzulassen. Also trug er sie in der Nacht heimlich zu der Rakete und versteckte sie darin.
Am Morgen kam er pfeifend zum Start.
Schon von weitem sah er durch ein kleines Fenster seine Geliebte und sein Herz klopfte heftig.
Der Weltraumfahrer kletterte in die Rakete, gab seiner Geliebten einen Kuss auf den kalten Mund und setzte sich in seinen Sitz.
„Gleich starten wir", sagte er aufgeregt.
Er drückte auf viele Knöpfe und dann ging es los:
„10 – 9 – 8 – 7 – 6 – 5 – 4 – 3 – 2 – 1 – START!"
Der Start klappte, die Rakete zischte ab und bald sah der Weltraumfahrer den Mond.
„Gleich haben wir's geschafft", sagte er und setzte zur Landung an.
Es rumpelte ein wenig, dann stand die Rakete auf dem Mond.
Der Weltraumfahrer trug seine Schneefrau hinaus und stellte sie auf den Boden. „Ich muss nur noch schnell was holen", sagte er und kletterte zurück in die Rakete.
Von drinnen aber sah er durch das kleine Fenster, wie seine geliebte Schneefrau mit dem Mann im Mond Arm in Arm davonspazierte. Da weinte er so bitterlich, dass es auf dem Mond eine große Überschwemmung gab und es auf der Erde wahrscheinlich tagelang regnete.

Was ist das?

Hat ein weißes Röckchen an,
freut sich, dass es fliegen kann.
Fängst du's mit den Händen ein,
wird es bald geschmolzen sein.

(Die Schneeflocke)

Spannelang,
hängt unterm Dache an der Wand:
die Sonne scheint,
Blitzblank weint.
Kind, lauf hin, halt deine Hand
unter Blitzblank, sie wird nass.
Rate nun, was ist wohl das?

(Eiszapfen)

Du liebe Zeit!
Es schneit, es schneit!
Die Flocken fliegen
und bleiben liegen.
Ach bitte sehr:
noch mehr, noch mehr!

Es schneit, hurra, es schneit!
Schneeflocken weit und breit!
Ein lustiges Gewimmel
kommt aus dem grauen Himmel.

Was ist das für ein Leben!
Sie tanzen und sie schweben.
Sie jagen sich und fliegen,
der Wind bläst vor Vergnügen.

Und nach der langen Reise,
da setzen sie sich leise
aufs Dach und auf die Straße
und frech dir auf die Nase.

Tanzender Eisbär

Du brauchst
blaues Tonpapier,
festes weißes Papier,
etwas Buntpapier,
Watte,
Klebstoff,
Nadel und Faden.

Aus dem blauen Tonpapier schneidest du eine Spirale aus, so wie du es auf der Zeichnung siehst. Dann schneidest du aus weißem Papier einen Eisbären aus. Du kannst ihn auf beiden Seiten mit Watte bekleben und dann Handschuhe, Mütze und Stiefel aus Buntpapier aufkleben. Den Fuß des Eisbären klebst du nun an der Spirale fest (auf der Zeichnung siehst du, an welcher Stelle). Wenn du einen Faden am Kopf des Bären befestigt hast, kannst du ihn über der Heizung aufhängen. Durch die aufsteigende Wärme fängt er an zu tanzen!

Möchtest du, dass er im Schneesturm tanzt? Dann befestige noch Watteschneeflocken am Rand der Spirale!

Die Schneeflocken wirbeln so lustig.
Die Tanzmusik liefert der Wind.
Und ich dreh mich im Kreise
auf dem Eise.
Frau Tänzerin, komm geschwind!

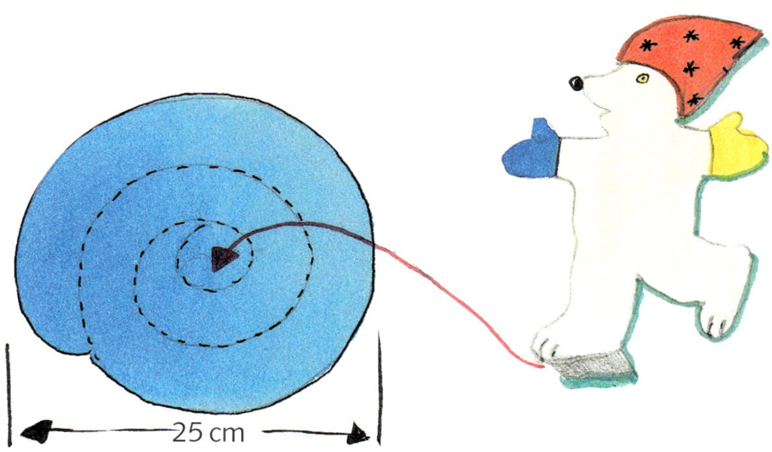

Zwei Adventskalender

Beim ersten Kalender hat ein Nikolaus 24 Pakete unter seinem Mantel versteckt, und bei dem anderen sind lauter Schneeflocken mit kleinen Überraschungen gefüllt. Die größte Überraschung gibt es am 24. Dezember und die ist im Hut vom Schneemann.

Von drauß' vom Walde …

Du brauchst
eine dicke Pappröhre (Versandrolle), feste Pappe, Buntpapier, 1 Rolle rotes Krepppapier, Watte, Farben, Klebstoff, Schere, Pinsel, Nadel und Faden.

Auf die Pappröhre malst du ein Gesicht, an den unteren Teil klebst du Papier.
Klebe die Watte-Haare an, darüber kommt die Mütze aus Krepppapier. Die Arme aus Pappe klebst du hinten an die Röhre.
Aus Krepppapier nähst du den Umhang und schneidest Schlitze hinein, durch die die Arme kommen. Wenn du deinem Weihnachtsmann nun noch 24 kleine Päckchen umhängst, kannst du ihn als Adventskalender benutzen.

Es schneit süße Flocken

Du brauchst
1 große Pappe,
Zeitungspapier,
etwas Pappe für den Hut,
1 leere Schachtel,
Kleister,
Pinsel,
Farben,
Stöckchen,
weißes Seidenpapier,
Klebstoff,
Schokoladenkugeln,
Buntpapier,
Faden,
Schere.

Zuerst das Zeitungspapier zu Kugeln zusammenknüllen. Mit Klebestreifen umwickeln. Dann mit Kleister einpinseln und trocknen lassen. Eine große Pappe anmalen und die Teile aufkleben!
Eine Schachtel ist der Hut. Eine Hutkrempe ausschneiden und ankleben! Alles anmalen!
Der Schneemann bekommt noch Augen und Mund aufgemalt und eine Nase aufgeklebt. Schokoladenkugeln sind die Knöpfe. Stöckchen als Arme hineinstecken!
Aus dem Seidenpapier Schneeflocken formen und aufkleben.
Zum Schluss werden die Süßigkeiten einfach mit Fäden aufgehängt.

Weißt du, wie still der Fischer sitzt?

Auch wenn ihn eine Mücke sticht,
er schlägt sie nicht, er kratzt sich nicht.
Er darf den Fisch nicht stören,
sonst bleibt das Netz, die Angel leer,
kein Schwanz taucht aus der Tiefe mehr.

Doch weil er so geduldig sitzt,
kann er, wenn er die Ohren spitzt,
das Zottelfell von seinem Hund,
den eignen Bart um Kinn und Mund
ganz langsam wachsen hören.

Christine Busta

Winterschläfer

Der Holzwurm schnarcht im Fensterbrett.
Lehn dich nicht drauf,
sonst wacht er auf
und sucht sich ein bequemres Bett.

Der Maulwurf schlummert in der Erde.
Hüpf nicht drauf,
sonst wacht er auf
und meint, dass es schon Frühling werde.

Das Fischlein schläft tief unterm Eis.
Stampf nicht drauf,
sonst bricht es auf
und wo du warst, da schwimmt ein Kreis.

Richard Bletschacher

Herbei, oh ihr Gläubigen

Text: Friedrich Heinrich Ranke
Melodie: aus Portugal

1. Herbei, oh ihr Gläubigen,
   fröhlich triumphierend,
   oh kommet, oh kommet nach Bethlehem!
   Sehet das Kindlein, uns zum Heil geboren!
   Oh lasset uns anbeten, oh lasset uns anbeten,
   oh lasset uns anbeten den König!

2. Du König der Ehren,
   Herrscher der Heerscharen,
   verschmähst nicht, zu ruhen in Mariens Schoß.
   Gott, wahrer Gott, von Ewigkeit geboren!
   Oh lasset uns anbeten, oh lasset uns anbeten,
   oh lasset uns anbeten den König.

3. Kommt, singet dem Herrn,
   oh ihr Engelchöre,
   frohlocket, frohlocket, ihr Seligen:
   Ehre sei Gott im Himmel und auf Erden!
   Oh lasset uns anbeten, oh lasset uns anbeten,
   oh lasset uns anbeten den König.

4. Dir, der du bist heute
   Mensch für uns geboren,
   oh Jesu, sei Ehre und Preis und Ruhm!
   Dir, Fleisch geword'nes Wort des ew'gen Vaters!
   Oh lasset uns anbeten, oh lasset uns anbeten,
   oh lasset uns anbeten den König.

Ihr Kinderlein, kommet

Text: Christoph von Schmid
Melodie: Johann Abraham Peter Schulz

1. Ihr Kinderlein, kommet, oh kommet doch all.
   Zur Krippe her kommet in Bethlehems Stall
   und seht, was in dieser hochheiligen Nacht
   der Vater im Himmel für Freude uns macht!

2. Da liegt es, das Kindlein, auf Heu und auf Stroh,
   Maria und Josef betrachten es froh;
   die redlichen Hirten knien betend davor,
   hoch oben schwebt jubelnd der Engelein Chor.

3. Oh beugt wie die Hirten anbetend die Knie;
   erhebet die Hände und danket wie sie!
   Stimmt freudig, ihr Kinder,
   wer sollt sich nicht freun,
   stimmt freudig zum Jubel
   der Engel mit ein!

Sie folgten einem hellen Stern

Die Hirten

Einmal, vor langer Zeit, kam ein Engel mit goldenen Flügeln vom Himmel geflogen. Er neigte sich den Hirten zu und sang: „Lasst alles stehen, ihr Hirten, nehmt eure Mäntel und Stöcke und folgt mir! Euer Hund wird die Schafe bewachen, solange ihr fort seid."

„Still!", rief ein Hirte den anderen zu. „Habt ihr gehört, was da singt, was da klingt? War das eine menschliche Stimme, war's eine Geige oder blökte nur ein träumendes Lamm? Vielleicht kam es auch von jenem glänzenden Stern dort oben am Himmel?"

Die Hirten hockten am Feuer und einer von ihnen spielte auf seiner Schalmei.

Da wurde die Nacht still.

Wie helle Glocken klang die Stimme des Engels: „Steht auf! In der Stadt Bethlehem wird ein Wunder geschehen. Gottes Sohn wird geboren. Ehre sei Gott in der Höhe! Steht auf und kommt mit! Der Stern und mein Lied werden euch führen!"

Da sagte einer der Hirten zu den anderen: „Ich bring dem Kind ein Böcklein mit, nimm du ein Lamm, du einen Hahn und du einen Krug voll Honig oder ein anderes Geschenk."

Sie machten sich auf den Weg und als sie den Gipfel des Berges erreichten, begann es zu dämmern.

Die Hirten kamen zu einem Brunnen, aus dem ein Mann Wasser schöpfte.

„Gott grüß Euch!", sagten sie zu ihm. „Wir wünschen Euch gutes und frisches Wasser!"

„Dieser Brunnen möge uns immer das kühle Wasser geben, das unseren Durst stillt", sagte der Mann.

„Kommt ihr mit uns nach Bethlehem?", riefen die Hirten.

„Ich kann nicht mit euch gehen. Ich behüte das Wasser. Das Kind, das heute zu uns kommt, wird es brauchen."

Sie kamen zu einem Fluss, an dem ein Fischer saß, der seine Angel ins Wasser warf.

„Begleitest du uns nach Bethlehem zu dem Kind, das dort geboren wird?", fragten ihn die Hirten.
„Der Fluss strömt dahin und in den spiegelnden Wellen spielen die Fische", antwortete ihnen der Fischer. „Sie tanzen und glänzen und sprühen wie Silber und Gold. An dem Haken tief unten im Wasser wartet auf mich ein sicherer Fang."
„Na, dann einen guten Tag", wünschten ihm die Hirten, „wir müssen weiter."
„Sagt dem Kind, dass ich die Fische fangen werde, die es später jenen Menschen geben wird, die zu ihm kommen, um seine Worte zu hören. Und sagt ihm, dass es selbst einmal ein Fischer sein wird!", rief der Mann ihnen nach.
Die Hirten begegneten einem Mann, der mit zwei Ochsen sein Feld pflügte. Er trieb sie mit lautem Rufen an.
„Guten Morgen, du Mann mit dem Pflug!", begrüßten ihn die Hirten. „Hör auf zu pflügen und komm mit uns nach Bethlehem!"
„Das geht nicht, denn ich muss meine Arbeit beenden", sagte der Pflüger. „Ich muss pflügen und säen – den Weizen dreschen, das Korn mahlen und dann Brot daraus backen, Brot mit goldbrauner Kruste."
„Aber dazu hast du auch später noch Zeit", wandten die Hirten ein.

„Oh nein!", widersprach ihnen der Mann. „Hört, was geschehen ist, und berichtet es dem Kind: Im Dunkel der Nacht stand auf einmal ein Engel vor meinem Bett, ein herrlicher Engel. Um ihn war alles hell. Aber es war weder der Schein eines Feuers noch die Morgenröte, sondern ein himmlisches Licht, das alles erhellte. ‚Steh auf!' befahl mir der Engel. ‚Pflüge sofort dein Feld, denn morgen wird ein Sämann geboren. Alle Pflüger der Welt sollten ihre Felder bestellen, damit das Korn gedeihe und zu Brot gemacht werden kann.'"
An jenem kalten Morgen kamen ein Mann und eine Frau durch die Olivenhaine von ihrem Weinberg. Jeder von ihnen trug einen Korb voller Trauben. Und als sie den schmalen Pfad entlanggingen, begegneten ihnen die Hirten, die vom Hügel herabkamen.
„Wenn die Trauben reif sind, muss man den Tag und die Nacht nutzen", sagten die Hirten zu den beiden, „dann muss der Wein gekeltert werden."
Doch der Mann antwortete ihnen: „Der Wein hier, Freunde, ist nicht für mich. Meinen habe ich im Keller und schon vergessen. Diese Trauben wurden reif im Frost einer Winternacht. Doch sie sind nicht erfroren im Schnee."
„Trauben im Schnee?", fragten die Hirten verwundert.
„Sie sind nicht erfroren", wiederholte der Mann. „Wir hörten eine helle Stimme, die zu uns sprach: ‚Geht noch einmal zu euerm Weinberg. Wenn es Mitternacht schlägt, werden neue Trauben reif sein. Nehmt sie und bewahrt den Wein auf, ohne jemandem etwas davon zu sagen. Und wartet darauf, bis eines Tages nach dem Wein verlangt wird!'"

Der Stern

Und wieder leuchtete der Stern. Sein silbernes Licht erhellte die Dunkelheit. In Frieden ruhte die Natur, während alle auf die Geburt des Kindes warteten. Sogar der Wind hatte sich gelegt. Nur der Bach rauschte sanft und ein Vogel flatterte leise durch die Nacht. Das Sternenlicht strich über die Felder und an den kahlen Zweigen brachen am Morgen Knospen auf.

Die Könige aus dem Morgenland

Drei Könige ritten in dieser Zeit auf ihren Kamelen über die Berge. Langsam zog die Karawane über hohe Pässe und durch tiefe Täler.

Drei Diener führten die Tiere und zerrten sie an Stricken hinter sich her.

„Wir sind müde und können nicht weiter!", klagte der Erste. „Bald wird es Tag! Wie schrecklich war diese Nacht! Die Kamele haben so hässliche Gesichter, so kalt und so voller Traurigkeit!"

„Ich würde jetzt lieber in einer Herberge einkehren", jammerte der Zweite, „mich dort an den Herd setzen und eine gute Suppe essen! Doch lasst uns weitergehen! Weiter und weiter, kreuz und quer durch das Land."

Und der Dritte pflichtete ihnen bei: „Nur Datteln habe ich noch in meinem Sack. Ich brauch nicht viel und komm mit wenigem aus. Doch jetzt wünsch ich mir Palmen, um in ihrem Schatten zu träumen. Vielleicht auch ein kleines Häuschen im Tal, vielleicht auch ein kleines Kindchen und Tauben am Himmel. Oder ein köstliches Törtchen und einen sprudelnden Brunnen!"

„Wir sind müde", klagten auch die Kamele. „Der Glut des Tages folgte die Kälte der Nacht. Unsere Füße sind wund und matt unsere Knie. Unsere Muskeln werden steif, wenn wir die hohen Berge sehen, über die wir noch laufen müssen. Ach, wär'n wir doch schon am Ziel!"

Mitten in der Wüste rastete die Karawane der weisen Könige.
„Es ist eine glückselige Nacht", sagten sie zueinander. „Unser Wissen von den Sternen zeigte uns die Geburt des Kindes an. Wir kommen aus fernen Ländern und folgen lange dem silberglänzenden Stern. Lasst uns eilen, denn er wird entschwinden, sobald der Morgen graut. Dort, wo er stillsteht, dort werden wir das Kind in einem Stall finden."
Auch die Hirten waren lange unterwegs. „Diese Nacht ist voller Geheimnisse! Es ist die Nacht, in der ein Wunder geschieht!", riefen sie. „Ein Engel befahl uns, dem Stern zu folgen, weil Gottes Sohn geboren wird. Wir kommen, um ihn anzubeten."

Maria und Josef

„Ich wollte so gerne Gott dienen", erzählte Maria. „Ich flehte zu Gott und sagte ihm, dass ich nicht würdig sei, ihn darum zu bitten. Doch auf einmal stand der Engel des Herrn vor mir im hellen Licht. Er sagte: ‚Gegrüßt seist du, Maria! Du wirst Gottes Mutter sein, Maria voller Gnaden. Der Herr ist mit dir. Gebenedeit bist du unter allen Frauen und gesegnet ist die Frucht deines Leibes, Jesus!'"
„Oh Gott", betete Josef, ihr Mann. „Damals, als ich mit Maria noch verlobt war, bist du mir im Traum erschienen. Du erzähltest mir von dem Kind und ich, ein einfacher Mann, versprach, mit meinen Händen für deinen Sohn zu sorgen, denn die Welt braucht ihn so sehr!"

Die Geburt

Maria und Josef hatten in einem Stall in Bethlehem eine Herberge gefunden. Der Esel vernahm die Stimmen der beiden. „Habt ihr es gehört?", fragte er die anderen Tiere. „Was ist das? Ist es ein Fohlen, das sich da bewegt, oder ist es eine Täuschung? Ist da vielleicht ein Kind geboren? Warum vergoldet ein strahlendes Licht die Krippe?"
Der Ochse seufzte im Traum.
„Mir scheint, Töne und Worte wie Vogelsang erfüllen die Luft. Liegt da ein Kälbchen, das eben geboren ist? Ein Kälbchen mit zartem Fell? Ich sehe ein strahlendes Licht, das die Nacht durchdringt. Es kommt hier aus dem Stall. Doch es dämmert schon. Der Morgen bricht an, gleich ist die Nacht vorbei."
Noch immer stand der Stern am Himmel und übergoss das Land mit seinem Licht. Alles war friedlich und still. Doch horch! War das nur der Wind, oder war es das Weinen eines kleinen Kindes?
Starr von der bitteren Kälte eilten die Hirten dem Licht entgegen. Sie erreichten den Stall. Überall waren Seligkeit und Frieden. Während die Hirten dort staunend standen, hüllte sie die Morgenröte in ihren rotgoldenen Schein.
Da nahten auch die Könige. Ihre Herzen waren voller Freude. Sie eilten zu dem Kind und knieten vor ihm nieder.
Vergessen war alle Mühsal.
Ruhig blickte das Kind sie an.
Maria und Josef warteten still und die Tiere sahen mit wachsam gespitzten Ohren zu.
„Gott sei mit dir, Josef!", sagten die Hirten und, „Gott beschütze dich, Maria! Wir sind gekommen, um das Christuskind anzubeten. Was können wir ihm geben, das sein Herz erfreut?"
„Nimm, oh Herr, diese Lade voller Gold!", bat König Melchior. „Es reicht für ein Königreich."
„Ist er nun ein König oder ist er ein Hirte?", fragte ein Hirtenknabe.
„Um dich zu preisen und zu ehren, bring ich dir Weihrauch!", sagte König Kaspar.
„Und ich schenke dir ein Glas voller Myrrhen", sprach König Balthasar, „zum Zeichen, dass du, Gottes Sohn, als Mensch zu uns gekommen bist."
„Vielleicht gefällt es dem Kind, wenn ich ihm etwas auf meiner Flöte spiele", sagte der Hirtenknabe. „Lasst uns alle fröhlich sein!"
Und die Hirten sangen:
„Auf einmal ist die Welt verwandelt. Ein Engel fliegt über Bethlehem. Trompetenhall zerreißt die Luft und erfüllt unsere Herzen mit Furcht. Aber das Bangen dauert nicht lang. Es vergeht wie der Tau, der niederfällt. Das, was uns bleibt, ist die Fülle der Liebe."
„Stimmen und Wohlklang erfüllen die Luft", sangen die Engel.
„In dieser heiligen Nacht verblassen die Sterne. Könige und Hirten, reicht euch die Hand."
Da stimmten die Hirten ein und wie aus einem Mund verkündeten alle: „Ehre sei Gott in der Höhe! Und Frieden auf Erden! Erlöse die Welt von ihrer Schuld und bewahre uns vor dem Krieg! Friede allen Menschen, die guten Willens sind!"
Und sie sangen wieder und wieder:
„Friede allen Menschen!
Friede allen Menschen,
die guten Willens sind!"

FRIEDE!

Quellenverzeichnis

Illustrationen der Seiten 6/7, 34/35, 62/63, 90/91 Gertrud Schrör

Alle übrigen Texte und Bilder stammen aus den folgenden Ravensburger Büchern:

Seiten 8/9 aus: Clara Suetens/Manfred Mai, Mein erstes Mutmach-Bilderbuch © 1998 (Da kann nichts passieren)

Seiten 10/11, 26/27, 38/39, 52/53, 66/67 aus: Die schönsten Kinderlieder. © 1995. Illustrationen: Marlis Scharff-Kniemeyer. S. 46/47, 49, 91, 28/29, 44/45, 94/95

Seiten 12–15 aus: Irmgard Eberhard/ Andrea Erne, Alles über Pferde und Ponys © 2003 (Was ist los auf dem Reiterhof?, Wie heißt was beim Pferd?, Wie kommt ein Fohlen zur Welt?)

Seiten 16–19, 44–47 aus: Regine Altegoer/ Marliese Arold: Vom Träumen, Kuscheln und Fliegen © 2002, S. 26–29, 8–11

Seiten 20–25, 48–51, 80–83, 104–107 aus: Sabine Lohf/Sybille Sailer, Das Ravensburger Spiel- und Bastelbuch © 2001, S. 13–15, 26/27, 36/37, 78/79, 112/113, 116/117; Gedichte: Seite 23 „Blumenherren und Blumendamen" aus James Krüss, Der wohltemperierte Leierkasten, © 2001, erschienen im C. Bertelsmann Jugendbuch Verlag, München, einem Unternehmen der Verlagsgruppe Random House GmbH; Seite 48 Christa Wißkirchen, „Die Mauerkräutchen", Seite 80 „Zeig mir, was ist innendrin" © bei der Autorin

Seiten 28–31 aus: Yvette Barbetti, Fröhliche Hasenrätsel © 1996, S. 12/13, 4/8

Seiten 32/33, 60/61, 88/89, 108/109 aus: Christine und Heinz Brand, Keine Maus zu Haus? © 2002, S. 24/25, 42/43, 86/87, 88/89; Gedichte: Seite 32 Friedl Hofbauer, „Der Specht" aus: Weißt du, dass alles sprechen kann? © Dachs Verlag Wien 1999; Seite 32 Christa Wißkirchen, „Der tote Vogel" © bei der Autorin; Seite 33 „Die dort und ich", Seite 88 „Einladung" © Josef Guggenmos, Seite 61 Frantz Wittkamp, „Alle Tage sind verschieden", „Ich kann euch nur noch hassen" © beim Autor; Seite 60 Georg Bydlinski, „Wann Freunde wichtig sind" aus: Wasserhahn und Wasserhenne, © Dachs Verlag Wien 2002; Seite 89 „Es gibt ein Gespenst" aus: Martin Auer, Was niemand wissen kann, 1968 Beltz & Gelberg Verlag, Weinheim und Basel; Seite 108 „Weißt du, wie still der Fischer sitzt? aus: Christine Busta, Die Zauberin Frau Zappelzeh, © Otto Müller Verlag, Salzburg 1979; Seite 109 Richard Bletschacher, „Winterschläfer" © beim Autor

Seiten 36/37, 58/59 aus: Dagmar Geisler/ Manfred Mai, Vorlesegeschichten vom Freuen, Streiten und Liebhaben © 2001 (Schön schmutzig, Hauptsache zusammen, Weit weg)

Seiten 40–43 aus: Constanza Droop, Auf dem Bauernhof © 1998, (Was gibt es rund ums Jahr zu tun?, Welches Getreide ist das?, Wie wird das Getreide geerntet?)

Seiten 54–57 aus: Doris Rübel, Erste Naturrätsel © 1995, S. 2/3, 8/9

Seiten 64/65 aus: Ulisses Wensell/Winfried Wolf, Warum die Eisbären schwarze Nasen haben und andere Geschichten © 1988, 1998 (Der Mann mit dem Hut)

Seiten 68–71 aus: Erstes Wissen: Mensch und Technik © 2003, Text von Patricia Mennen, Illustrationen von Milada Krautmann, S. 132/133, 138/139

Seiten 72–77 aus: Dagmar Geisler/Rosemarie Künzler-Behncke, Laterne, Laterne © 1999, S. 4/5, 14/15, 8/9

Seiten 78/79 aus: Tolle Tipps für Halloween © 2002, S. 8/9

Seiten 84-87 aus: Monika Neubacher-Fesser, Ein Regentag mit Leo Rätsellöwe © 1998, Rätsel Nr. 9, 10, 7, 8

Seiten 92/93 aus: Ulisses Wensell, Ein Pinguin spazieren ging © 2003, S. 16/17

Seiten 94/95, 110/111 aus: Die schönsten Lieder zur Weihnachtszeit © 1998; Illustrationen: Marlis Scharff-Kniemeyer. S. 28/29, 40/41

Seiten 96/97 aus: Das Ravensburger Buch der Advents- und Weihnachtsgeschichten © 1996, Illustrationen: Christine Georg, S. 4/5

Seiten 98/99 aus: Kirsch & Korn, Mein erstes Winterheft © 1987, 1997, S. 2/3

Seiten 100/101 aus: Dorothea Cüppers, Advents- und Weihnachtsrätsel © 2002, S. 19/20

Seiten 102/103 aus: Manfred Mai, 111 Minutengeschichten © 1991, Illustrationen: Detlef Kersten, S. 86/87

Seiten 112–119 aus: Ulisses Wensell, Sie folgten einem hellen Stern © 1993, Text übersetzt und nacherzählt von Sigrid Heuck, (Die Hirten; Der Stern; Die Könige aus dem Morgenland; Maria und Josef; Die Geburt)

Bibliografische Information
Der Deutschen Bibliothek

Die Deutsche Bibliothek verzeichnet diese Publikation in der Deutschen Nationalbibliografie; detaillierte bibliografische Daten sind im Internet über *http://dnb.ddb.de* abrufbar.

Die Schreibweise entspricht den Regeln der neuen Rechtschreibung.

4 3 2 1 07 06 05 04

Redaktion: Britta Vorbach
Umschlaggestaltung: Dirk Lieb
unter Verwendung einer Illustration von Gertrud Schrör
Illustration der Kapitelaufmacher: Gertrud Schrör

ISBN 3-473-37855-0

Printed in Germany

www.ravensburger.de